U0373833

中华人民共和国行业推荐性标准

公路瓦斯隧道设计与施工技术规范

Specifications for Design and Construction of Highway Tunnels with Gas

JTG/T 3374—2020

主编单位：四川省公路规划勘察设计研究院有限公司
批准部门：中华人民共和国交通运输部
实施日期：2020年05月01日

人民交通出版社股份有限公司
北京

图书在版编目（CIP）数据

公路瓦斯隧道设计与施工技术规范：JTG/T 3374—2020／四川省公路规划勘察设计研究院有限公司主编．— 北京：人民交通出版社股份有限公司，2020.2

ISBN 978-7-114-16141-4

Ⅰ.①公…　Ⅱ.①四…　Ⅲ.①公路隧道—瓦斯隧道—隧道工程—设计—技术规范②公路隧道—瓦斯隧道—隧道工程—工程施工—技术规范　Ⅳ.①U459.2-65

中国版本图书馆 CIP 数据核字（2019）第 297060 号

标准类型： 中华人民共和国行业推荐性标准
标准名称： 公路瓦斯隧道设计与施工技术规范
标准编号： JTG/T 3374—2020
主编单位： 四川省公路规划勘察设计研究院有限公司
责任编辑： 李　沛
责任校对： 张　贺
责任印制： 刘高彤
出版发行： 人民交通出版社股份有限公司
地　　址：（100011）北京市朝阳区安定门外外馆斜街 3 号
网　　址： http://www.ccpress.com.cn
销售电话：（010）59757973
总 经 销： 人民交通出版社股份有限公司发行部
经　　销： 各地新华书店
印　　刷： 北京市密东印刷有限公司
开　　本： 880×1230　1/16
印　　张： 6
字　　数： 150 千
版　　次： 2020 年 3 月　第 1 版
印　　次： 2020 年 3 月　第 1 次印刷
书　　号： ISBN 978-7-114-16141-4
定　　价： 60.00 元
（有印刷、装订质量问题的图书，由本公司负责调换）

中华人民共和国交通运输部

公　　告

第4号

交通运输部关于发布《公路瓦斯隧道设计与施工技术规范》的公告

现发布《公路瓦斯隧道设计与施工技术规范》(JTG/T 3374—2020)，作为公路工程行业推荐性标准，自2020年5月1日起施行。

《公路瓦斯隧道设计与施工技术规范》(JTG/T 3374—2020) 的管理权和解释权归交通运输部，日常管理和解释工作由主编单位四川省公路规划勘察设计研究院有限公司负责。

请各有关单位注意在实践中总结经验，及时将发现的问题和修改建议函告四川省公路规划勘察设计研究院有限公司（地址：四川省成都市武侯祠横街1号，邮政编码：610041)。

特此公告。

中华人民共和国交通运输部

2020年1月15日

交通运输部办公厅　　2020年1月17日印发

前　言

根据交通运输部办公厅《关于下达2015年度公路工程行业标准制修订项目计划的通知》(交办公路函〔2015〕312号)的要求，由四川省公路规划勘察设计研究院有限公司作为主编单位承担《公路瓦斯隧道设计与施工技术规范》(JTG/T 3374—2020)(以下简称“本规范”)的制定工作。

公路瓦斯隧道勘察难度大、施工风险高、建设管理环节多，作为公路工程行业瓦斯隧道专业技术标准，本规范将对规范公路瓦斯隧道勘察、设计、施工和保障我国公路瓦斯隧道建设及运营安全起到重要作用。

本规范制定工作贯彻安全第一、预防为主、综合治理的方针，全面体现“动态设计施工、安全经济”的理念，系统调研了国内已建和在建的公路、铁路瓦斯隧道，充分吸收了我国公路、铁路瓦斯隧道建设经验及研究成果，参考借鉴了煤矿行业相关标准以及国外瓦斯隧道的成功经验和技术，广泛征求并吸收了勘察、设计、施工、科研院校、建设及运营管理等有关单位专家的意见和建议。

本规范包括11章和10个附录，分别为：1总则，2术语，3基本规定，4勘察，5设计，6超前地质预报，7施工通风、瓦斯检测与监测，8钻爆作业，9电气设备与作业机械，10揭煤防突，11施工安全，附录A煤层瓦斯压力测定方法，附录B煤的破坏类型分类，附录C煤的瓦斯放散初速度测定方法，附录D煤的坚固性系数测定方法，附录E钻屑指标法，附录F绝对瓦斯涌出量计算方法，附录G绝对瓦斯涌出量实测方法，附录H瓦斯自动监控报警与断电系统，附录J煤层瓦斯含量直接测定方法，附录K钻孔瓦斯涌出初速度测定方法。

请各有关单位在执行过程中，将发现的问题和意见，函告本规范日常管理组，联系人：王联(地址：成都市武侯祠横街1号，邮编：610041；电话：028-85527406，传真：028-85582845；电子邮箱：gas_tunnel@sina.com)，以便修订时参考。

主 编 单 位：四川省公路规划勘察设计研究院有限公司

参 编 单 位：中煤科工集团重庆研究院有限公司

中交一公局集团有限公司

重庆中环建设有限公司

四川交通职业技术学院

主　　　编： 李玉文

主要参编人员： 王　联　郑金龙　高世军　马洪生　彭国才　徐文平
吴怀林　朱长安　任　康　李秋林　刘元泉

主　　　审： 林　志

参与审查人员： 程崇国　陈先国　冉茂云　赵月生　李　昕　李志厚
姜　云　姜　杰　张学民　许铁航　杨　光　韩常领
卢义玉　余　波　李海清　江中平　周　森　朱　勇
夏彬伟　陈树汪　丁　睿　冯志谦　李宁军　刘崇奎
牟　力　万建国　王廷伯　王学武　周　翔　韦　虎
徐志勇　杨铁荣　姚海波

参　加　人　员： 杨　枫　林国进　田尚志　董洪凯

目　次

1　总则

1.0.1　为规范公路瓦斯隧道勘察、设计、施工及管理技术要求，制定本规范。

条文说明

公路瓦斯隧道施工安全风险大，为规范公路瓦斯隧道勘察、设计、施工、管理等各环节行为，保障公路瓦斯隧道建设安全，制定本规范。

1.0.2　本规范适用于以钻爆法开挖为主的新建与改扩建公路瓦斯隧道。

条文说明

掘进机（TBM、盾构机）开挖的隧道、沉管隧道涉及的施工电气设备及作业机械防爆问题较复杂，有待进一步深入研究，因此本规范规定适用于以钻爆法开挖为主的隧道。

1.0.3　公路瓦斯隧道建设应贯彻安全第一、预防为主、综合治理的方针，遵循以人为本、安全经济的原则，采取安全技术措施。

1.0.4　公路瓦斯隧道勘察、设计与施工应贯彻国家有关技术经济政策，积极慎重地采用新技术、新工艺、新材料、新设备。

1.0.5　公路瓦斯隧道建设除应符合本规范的规定外，尚应符合国家和行业现行有关标准的规定。

2 术语

2.0.1 瓦斯 gas

在地层中赋存或逸出的烷烃类气体，其成分以甲烷（CH_4）为主。根据其生成、赋存条件将其分为煤层瓦斯、非煤瓦斯两类。

2.0.2 瓦斯地层 rock stratum with gas

含有瓦斯的地层。瓦斯地层可分为煤系瓦斯地层（简称“煤系地层”）和非煤系瓦斯地层（简称“非煤系地层”），非煤系地层中的瓦斯包括天然气（油田气、气田气、泥火山气、生物生成气等）和邻近煤系地层渗透至非煤系地层的瓦斯。

2.0.3 煤系地层 coal stratum

在成因上有共生关系并含有煤层（或煤线）的岩石地层。

2.0.4 瓦斯隧道 tunnel with gas

在隧道勘察或施工过程中，隧道内存在瓦斯，该隧道应定为瓦斯隧道。

2.0.5 煤系地层瓦斯隧道 tunnel with gas embedded in coal stratum

直接穿越煤系地层的隧道。

2.0.6 非煤系地层瓦斯隧道 tunnel with gas embedded in non-coal stratum

隧道虽然没有直接穿越煤系地层，但下伏或邻近地层中的瓦斯具备运移至本隧道的条件而使隧道内存在瓦斯时，则该隧道为非煤系地层瓦斯隧道。

2.0.7 瓦斯工区 work area with gas

隧道施工区段内任一处有瓦斯，则洞口至开挖掌子面的施工区段为瓦斯工区。

2.0.8 绝对瓦斯涌出量 absolute gas emission quantity

单位时间涌出的瓦斯量，单位：m^3/min。

2.0.9 煤（岩）与瓦斯突出 coal (rock) and gas outburst

在地应力和瓦斯的共同作用下，破碎的煤、岩和瓦斯由煤体内突然喷出到开挖空间的动力现象，简称“突出”。

2.0.10 钻孔动力现象 dynamic phenomenon of bore

钻孔施作过程中顶钻、抱钻、夹钻等现象，以及由瓦斯、地应力诱发的钻孔喷孔（喷水汽、煤屑、岩粉、泥沙等）现象。

2.0.11 吨煤瓦斯含量 gas content per ton

煤（岩）层在自然条件下，每吨煤（岩）所含有的瓦斯体积（标准状态），是游离瓦斯量与吸附瓦斯量的总和，单位：m^3/t。

2.0.12 瓦斯浓度 gas concentration

瓦斯在空气中的体积占比，以百分数表示。

2.0.13 瓦斯压力 gas pressure

煤（岩）层孔隙、裂隙中的瓦斯作用于孔隙壁的应力，一般指的是绝对瓦斯压力，单位：MPa。

2.0.14 瓦斯放散初速度 initial diffusion velocity of coal gas

3.5g 规定粒度的煤样在 0.1MPa 压力下吸附瓦斯后，向固定真空空间释放时，用压差 Δp（mmHg）表示的 10～60s 内释放出的瓦斯量。

2.0.15 突出预测预报 outburst forecast

利用煤层的煤体结构，煤的物理力学性质，瓦斯、地应力等的某些特征参数及其变化，或利用工作面的某些特征、突出前的预兆，预测开挖工作面突出的危险性的工作。

2.0.16 瓦斯积聚 local gas accumulation

隧道内任一体积大于 $0.5m^3$ 的空间内积聚的瓦斯浓度达到 2.0% 的现象。

2.0.17 局部通风机 local ventilator

洞内用于防止瓦斯局部积聚或引导风流的通风机，简称“局扇”。

2.0.18 主要通风机 main ventilator

向工作面提供新鲜风的通风机，简称“主风机”。

2.0.19 瓦斯排放 gas emission

对隧道内的积聚瓦斯实施的安全排除措施，或通过在未开挖的煤（岩）体内施工钻孔排出瓦斯、减小瓦斯压力的措施。

2.0.20 瓦斯抽放 gas drainage

采用专用设备和管路把煤层、岩层或采空区瓦斯抽出的措施。

2.0.21 综合防突措施 synthesized coal and gas outburst prevention measures

在瓦斯突出危险性煤（岩）体中进行开挖作业前和开挖过程中实施的突出危险性预测、防止突出措施、防突措施效果检验和安全保护的“四位一体”的措施。

2.0.22 钻屑量法（钻屑法） method of drilling bits

用每单位钻孔体积排出的钻屑量来评估煤（岩）与瓦斯突出危险程度的方法。

2.0.23 防突效果检验 test of outburst prevention effect

用突出预测的方法对防突措施进行效果检验。

2.0.24 安全防护措施 safety precaution

在经防突效果检验无突出危险的区域和地点进行开挖作业时，采取的保障人身安全的技术措施。

2.0.25 煤矿许用炸药 coal permitted explosive

允许用于有瓦斯和煤尘爆炸危险的地下工程爆破的专用炸药。

2.0.26 风电闭锁和甲烷电闭锁装置 fan-stoppage and methane-monitor breaker

当开挖工作面的局部通风机停止运转或隧道内甲烷浓度超过规定值时，能立即自动切断该供风隧道中的一切电源，并只有在局部通风机恢复运转和甲烷浓度低于规定值时，通过人工送电才能恢复供风隧道的电气设备供电的安全装置。

3 基本规定

3.1 总体要求

3.1.1 瓦斯地质勘察工作应根据建设的需要分阶段进行，为公路瓦斯隧道设计与施工提供所需的基础资料。

条文说明

勘察阶段一般分预可勘察、工可勘察、初步勘察、详细勘察等阶段，各勘察阶段根据勘察要求及深度选择勘察方法，提供煤（岩）层与瓦斯基本参数，进行瓦斯综合分析、评估与鉴定，为瓦斯隧道设计、施工提供基础资料。

3.1.2 确定隧道位置时，宜绕避瓦斯地层；当绕避困难时，应以较短距离通过。

条文说明

穿越瓦斯地层隧道方案的选择遵循“避重（高瓦斯）就轻（低瓦斯）”“能避（避瓦斯地层）则避，能短（距离）则短”的原则。

3.1.3 瓦斯隧道应根据瓦斯地层类别，提出超前地质预报、钻爆作业、衬砌结构防护的技术要求；应根据瓦斯工区类别提出电气设备、作业机械、施工通风、瓦斯检测与监测技术要求。

条文说明

本规范中，超前地质预报、钻爆作业及衬砌结构防护等主要针对瓦斯地层，电气设备、作业机械、施工通风、瓦斯检测与监测等主要针对瓦斯工区。

3.1.4 瓦斯隧道施工前应编制实施性瓦斯专项施工组织设计；施工期间应校核评定瓦斯工区类别。当瓦斯工区类别发生变化时应调整瓦斯专项施工组织设计。

条文说明

实施性瓦斯专项施工组织设计包括超前地质预报、钻爆作业、施工通风与瓦斯检测、电气设备与作业机械、揭煤防突、施工安全管理等，并编制施工安全应急预案。

3.1.5 瓦斯隧道施工应全程检测瓦斯，瓦斯工区应连续通风。

条文说明

瓦斯隧道通风、瓦斯检测与监测是控制瓦斯风险的关键措施，全程检测瓦斯的“检测”是广义定义，从手段上看包含了人工检测和自动监测，瓦斯检测与监测手段、要求和连续通风技术规定见本规范第7章。

3.1.6 瓦斯工区电气、瓦斯检测与监测、通风及作业机械等设备应按通过的最高瓦斯工区类别的要求配置。

条文说明

瓦斯隧道施工工区中瓦斯工区与非瓦斯工区是动态调整变化的，为避免施工设备频繁调整影响施工安全、增加施工管理难度和工程费用，故提出本规定。

3.1.7 瓦斯隧道设计与施工阶段应进行安全风险评估。

条文说明

设计阶段安全风险评估一般在初步设计阶段进行，施工阶段安全风险评估应在施工前进行。设计阶段安全风险评估方法及内容按《公路桥梁和隧道工程设计安全风险评估指南（试行）》（交公路发〔2010〕175号）执行，施工阶段安全风险评估方法及内容按《公路桥梁和隧道工程施工安全风险评估指南（试行）》（交质监发〔2011〕217号）执行。

3.2 瓦斯隧道分类

3.2.1 瓦斯隧道分为微瓦斯、低瓦斯、高瓦斯和煤（岩）与瓦斯突出四类；瓦斯隧道工区分为非瓦斯工区、微瓦斯工区、低瓦斯工区、高瓦斯工区、煤（岩）与瓦斯突出工区五类；瓦斯隧道类别应按瓦斯地层或瓦斯工区的最高类别确定。

3.2.2 微—高瓦斯地层或瓦斯工区类别的判定指标为隧道内绝对瓦斯涌出量，应符合表3.2.2的规定。

表 3.2.2 瓦斯地层或瓦斯工区绝对瓦斯涌出量判定指标

瓦斯地层或瓦斯工区类别	绝对瓦斯涌出量 Q_{CH_4} (m^3/min)
非瓦斯	0
微瓦斯	$0 < Q_{CH_4} < 1.0$
低瓦斯	$1.0 \leq Q_{CH_4} < 3.0$
高瓦斯	$3.0 \leq Q_{CH_4}$

条文说明

根据微瓦斯工区风速不小于 0.15m/s、隧道内回风流瓦斯浓度不大于 0.25% 的规定，经测算确定低、微瓦斯工区分界指标值为 1.0m^3/min；根据低瓦斯工区风速不小于 0.25m/s、隧道内回风流瓦斯浓度不大于 0.5% 的规定，经测算确定低、高瓦斯工区分界指标值为 3.0m^3/min。

3.2.3 瓦斯地层有下列情况之一的，应进行煤（岩）与瓦斯突出危险性鉴定，或直接认定为突出煤（岩）层：

1 有瓦斯动力现象的；

2 煤（岩）层瓦斯压力达到或超过 0.74MPa 的；

3 隧道穿越相邻矿井开采的同一煤（岩）层发生突出事故或被鉴定、认定为突出的。

条文说明

本条参照《煤矿瓦斯等级鉴定办法》（2018 年）第十四条规定。

3.2.4 煤（岩）与瓦斯突出鉴定应根据实际测定的煤层瓦斯压力 p（测定方法见本规范附录 A）、煤的破坏类型（见本规范附录 B）、煤的瓦斯放散初速度 Δp（测定方法见本规范附录 C）和煤的坚固性系数 f（测定方法见本规范附录 D）等指标进行。全部指标均达到或超过表 3.2.4 所列临界值的，应确定为突出煤（岩）层。

表 3.2.4 判定煤（岩）层突出危险性单项指标的临界值

判定指标	煤的破坏类型	瓦斯放散初速度 Δp	煤的坚固性系数 f	煤层瓦斯压力 p（MPa）
有突出危险的临界值及范围	Ⅲ、Ⅳ、Ⅴ	≥10	≤0.5	≥0.74

条文说明

由于煤（岩）与瓦斯突出是一种复杂的煤体动力现象，且发生煤（岩）与瓦斯突出的公路隧道案例很少，使得公路瓦斯隧道预测敏感指标及临界值的确定有较大难度。

因此本规范参照《煤与瓦斯突出矿井鉴定规范》（AQ 1024—2006）第5.1.3条及第5.2.3条和《防治煤与瓦斯突出细则》（2019年）第十一条规定进行鉴定。

3.2.5 在瓦斯隧道掘进过程中，隧道内检测有瓦斯时，应结合地层的瓦斯赋存情况按本规范第3.2.2条、第3.2.3条和第3.2.4条确定瓦斯工区类别；当施工区段内全部瓦斯地层穿越完毕，经检测并评定无瓦斯时，后续施工区段应确定为非瓦斯工区。两瓦斯地层间的非瓦斯地层段宜结合地层段长度、实测瓦斯情况、施工情况等确定瓦斯工区类别。

条文说明

隧道一端洞口至开挖掌子面作为一个施工工区。在一个施工工区内可能一次或多次穿越瓦斯地层，因此瓦斯工区与非瓦斯工区是一个动态变化的过程，瓦斯工区动态管理如图3-1所示。

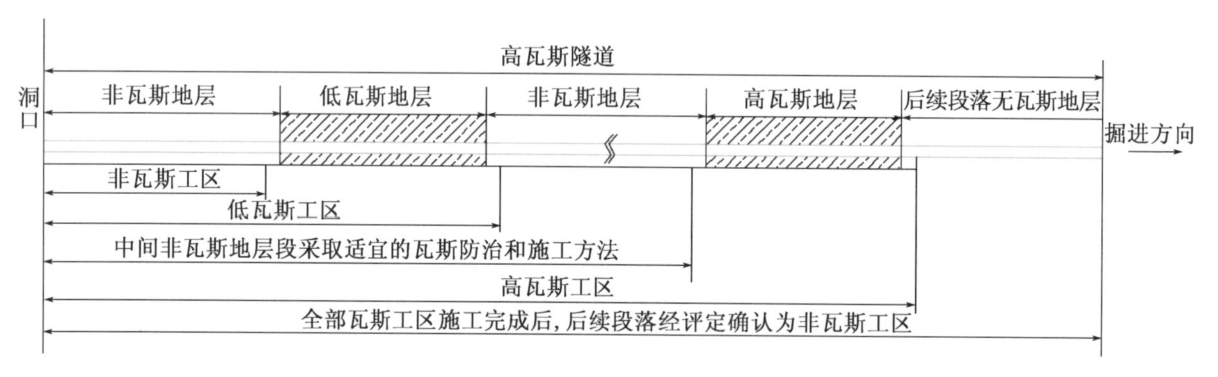

图3-1　瓦斯工区动态管理示意图

4　勘察

4.1　一般规定

4.1.1　隧道穿越、邻近瓦斯地层或下伏地层有瓦斯赋存时，应分阶段开展瓦斯隧道地质勘察，勘察范围和勘察深度应满足各阶段隧道设计的需要。

条文说明

瓦斯隧道勘察除满足现行《公路工程地质勘察规范》（JTG C20）中隧道勘察的有关技术要求外，还需按本规范各勘察阶段的要求开展瓦斯隧道地质勘察工作。

根据隧道穿越的不同地层，瓦斯隧道分为煤系地层瓦斯隧道和非煤系地层瓦斯隧道。直接穿越煤系地层的隧道为煤系地层瓦斯隧道；隧道虽然没有直接穿越煤系地层，但下伏或邻近地层中的瓦斯具备运移至本隧道的条件而使隧道内存在瓦斯时，则为非煤系地层瓦斯隧道。瓦斯地层中的瓦斯来源除隧道直接穿越的煤系地层外，还有下伏的煤系地层、页岩气地层、油页岩、石油储存、天然气储层及含有机质地层。瓦斯具有流动、运移的特性，故隧道穿越、邻近瓦斯地层或下伏地层有瓦斯赋存时，均需开展瓦斯隧道地质勘察工作。“邻近”是指与本隧道距离不大（距离一般小于5km）、已查明具有瓦斯分布的同一地质构造单元，且不受深切峡谷隔离的隧道，经分析具备瓦斯运移至本隧道的条件。勘察范围和勘察深度满足预可、工可、初步设计、施工设计等阶段对瓦斯隧道勘察资料的要求，为隧道合理选线、隧道瓦斯防治、设计施工措施制定等提供工程地质资料。

4.1.2　瓦斯隧道勘察应编制勘察大纲。编制前应收集隧址区的相关地质资料，对收集的资料进行分析和现场踏勘后，根据地形地质条件、勘察方法的适用性，综合选择勘察方法。

条文说明

公路瓦斯隧道附近既有的区域地质、水文地质、矿产地质，以及煤矿、油气田等资料是确定瓦斯隧道地质条件和有关瓦斯参数的重要参考依据。充分收集和分析这些既有资料，并进行现场踏勘后，再进行各阶段勘察大纲的编制工作，投入与各阶段勘察要求相匹配的勘察工作量，既能减少瓦斯隧道的勘察成本，又可提高勘察方案的针对性和勘察质量。

4.1.3 非瓦斯隧道在施工中发现瓦斯时，应按本规范详细勘察阶段的规定进行补充勘察。

条文说明

当隧道穿越的地层为非煤系地层且下伏或邻近煤系地层、油气田勘察资料缺乏时，易出现本应是瓦斯隧道而判定为非瓦斯隧道的情况。若施工期间发现了瓦斯，则非瓦斯隧道调整为瓦斯隧道，并按本规范的详细勘察阶段要求进行瓦斯隧道勘察，为调整隧道设计提供地质资料。

4.2 勘察技术要求

4.2.1 应综合分析资料收集、地质调绘、物探、钻探、测试、试验等勘察方法所获取的各项勘察资料。

条文说明

按勘察大纲制定的勘察方法和工作量开展瓦斯隧道勘察工作，主要勘察方法包括资料收集、地质调绘、物探、钻探、现场测试、室内试验等。勘察报告编制时，应综合分析和判断各勘察方法获取的资料，明确勘察结论。

4.2.2 应按下列内容进行资料收集，并对收集资料的完整性、适用性进行分析和核实：

1 区域地质、水文地质、矿产地质等资料；

2 邻近煤矿、油气田的相关资料；

3 邻近其他地下工程的瓦斯地质资料。

条文说明

邻近煤矿、油气田是指与公路隧道在地质构造上处于同一地质单元，具备瓦斯连通条件，瓦斯能够通过岩体或构造通道渗透、运移继而对公路隧道产生影响的既有、在建或已查明的煤矿、油气田等。

资料收集主要包括下列内容：

（1）1:200 000 区域地质图、区域水文地质图，1:50 000 区域地质图。

（2）油气田、气井的地质平面图、地质剖面图、地层柱状图、煤（岩）层对比图、钻孔资料、各阶段地质勘察报告等。

（3）煤层资料包括：煤层的层位、层数、厚度、间距、结构、构造、稳定程度、硫分、顶底岩性及其变化；煤质资料包括：颜色、光泽、密度、硬度、工业分析指标等；瓦斯资料包括：瓦斯含量、瓦斯涌出量及涌出形式、瓦斯压力、瓦斯放散初速度、软煤分层的坚固性系数、煤的破坏类型等；灾害资料包括：瓦斯爆炸、瓦斯燃烧、瓦斯异常涌出、煤（岩）与瓦斯突出、煤层自燃、煤尘爆炸等。

(4) 瓦斯矿井的分布、开拓方式、通风方式、瓦斯类别等资料。

(5) 采煤方法、采空区范围及顶底板管理方法、接替采区和规划采区的位置及范围等资料。

(6) 煤（岩）与瓦斯突出的历史记载和实测资料，包括瓦斯压力、始突深度、时间、地点、强度、频率、突出类型等。

(7) 收集隧道邻近地区天然气、页岩气储存和矿点地质资料，着重收集油苗、气苗、含气构造的资料，了解石油和天然气部门的勘测活动，包括钻井井位、深度、油气显示、储层压力等。

(8) 收集其他地下工程资料，包括公路隧道邻近的既有和在建的其他公路隧道、铁路隧道、水工隧道等地下工程，收集以上地下工程的勘察、设计、施工、运营各阶段的瓦斯地质资料。

4.2.3 地质调绘应符合下列规定：

1 应调查隧址区地形地貌、地层岩性、地质构造、水文地质条件。

2 应结合资料收集，调查隧址区地层的分布，煤层位置、厚度、产状、顶底板岩性组合特征及节理裂隙发育等情况。

3 应调查当地居民是否发现和利用过气苗、油苗，调查气苗、油苗露头位置、出气（油）量。

4 地质调绘后应初步分析隧道的瓦斯来源。

5 地质调绘应沿隧道轴线及其两侧的带状范围进行，调绘宽度应满足工程方案比选及工程地质分析评价的要求。

条文说明

应对收集的地质资料进行熟悉和分析后开展地质调绘工作，以提高地质调绘工作的针对性、效率和精度。对于煤系地层瓦斯隧道，主要调查煤系地层在地表分布的位置、厚度、产状、开采情况等；对于非煤系地层瓦斯隧道，在利用收集资料的基础上，主要调查分析瓦斯产生、运移、储存的地质构造，主要包括下伏煤层、油页岩层、页岩气层、天然气储层所处构造部位，分析瓦斯的生成、运移、储集条件及影响因素。

地质调绘主要采用追索法、穿越法等。因瓦斯微溶于水，根据煤矿井下经验，地下流动水区域往往瓦斯赋存量较少，故需开展隧道水文地质条件调查。隧道水文地质调绘的重点是地下水的补给、径流、排泄等水文地质条件以及与瓦斯运移的相互关系。

对于煤系地层瓦斯隧道，主要采用地质调绘和访问相结合的手段，利用既有煤矿巷道、地表岩层露头，调查隧道穿越含煤地层分布，煤层位置、厚度、倾角和煤层顶底板的岩性、节理、裂隙、岩层组合等特征。

非煤系地层中赋存瓦斯，必须有生气层、储气层和盖层，三层缺一不可，在利用收集资料的基础上开展调查，进行地质调绘核实，分析隧道与地质构造、瓦斯赋存三层部位的关系。

4.2.4 物探应符合下列规定：

1 穿越复杂地质构造或采空区煤系地层的隧道，在资料收集和地质调绘后宜开展物探勘察。当一种物探方法解译困难时，可增加 1 ~ 2 种物探方法进行平行验证。

2 瓦斯隧道物探方法宜按表 4.2.4 进行选择。

表 4.2.4 物探方法选择

隧道或采空区埋深（m）	主选物探方法	备选物探方法
10 ~ 30	电测深法、高密度电法	地震反射波法、瑞利面波法、地质雷达
30 ~ 50	高密度电法	地震反射波法
50 ~ 100	高密度电法	瞬变电磁法、地震反射波法
≥100	音频大地电磁法	可控源音频大地电磁法、地震反射波法

条文说明

物探主要目的是探测隧址区分布的断裂构造、褶皱核部、采空区、老窑积水等具备物性差异，且容易聚集瓦斯气体、水体的部位。在通过物探发现低阻（或高阻）异常部位后，需修正勘察大纲中初拟的钻孔等的布置，通过钻探等手段进一步查明其地质条件。

物探方法种类较多，瓦斯隧道勘察时需选择适合隧道勘察、效果好、操作方便的方法。隧道所处地形一般起伏较大，在选择物探方法时，隧道埋深 30m 以内推荐使用电测深法，30 ~ 100m 范围内推荐使用高密度电法，大于 100m 推荐采用音频大地电磁法（强干扰情况下可选用可控源音频大地电磁法或地震反射波法）；瞬变电磁法目前对异常的埋深及定量解释精度不够，且受地形起伏影响较大，但是由于瞬变电磁不受接地条件影响及对低阻体反应敏感等特性，可作为备选方法或作为平行验证方法。在物探勘察发现异常区后，还需配合地质调绘、钻探等勘察方法进行验证。

4.2.5 钻探应符合下列规定：

1 钻孔宜布置在隧道物探异常区、穿越煤层部位或构造中最有利储气部位，并宜结合孔内测井等测试手段查明煤层的分布特征。

2 孔底应钻至隧道路面设计高程以下不小于 10m 或必须查清的构造部位。

3 对于煤系地层瓦斯隧道钻孔，应重点对钻孔揭露的煤层位置、颜色、厚度、结构、裂隙发育情况、是否存在采空现象，采空区位置、规模以及地下水情况等进行描述；对于非煤系地层瓦斯隧道钻孔，应重点观察和描述钻井液中的气泡现象，钻进过程中的气体逸出部位、气体味道等。

4　每个钻孔内煤层、岩层取样均不宜少于2组；钻孔内遇气体时应封闭取气样，数量不宜少于2组。

条文说明

煤系地层瓦斯隧道钻孔布置时，宜根据物探解译异常区、煤层与隧道的空间关系确定钻孔位置。非煤系地层瓦斯隧道下伏地质构造中最有利储气部位主要包括背斜轴部顶点、陡翼部、构造转折处、断层带、地应力集中等部位。钻孔钻至隧道设计高程以下一定深度是为确保钻探及测试的有效性，并考虑瓦斯具有渗透和运移的特性。

4.2.6　煤系地层瓦斯隧道的测试、试验应符合下列规定：

1　煤层煤样采取方法应符合现行《煤层煤样采取方法》（GB/T 482）的有关规定。

2　描述煤样的光泽、结构、构造、节理、断口等煤的外观特征，划分煤的破坏类型。煤的外观特征描述方法应符合《煤炭资源勘探煤样采取规程》［（87）煤地字第656号］的有关规定，煤的破坏类型分类应符合本规范附录B的有关规定。

3　测定煤样的视密度。煤的视密度测试应符合现行《煤的视相对密度测定方法》（GB/T 6949）的有关规定。

4　测定煤样的吨煤瓦斯含量。勘察时期的瓦斯含量测试应符合现行《地勘时期煤层瓦斯含量测定方法》（GB/T 23249）的有关规定，隧道施工期煤层瓦斯含量测试应符合现行《煤层气含量测定方法》（GB/T 19559）的有关规定。

5　测定煤样的水分、灰分、挥发分、全硫。煤样的水分、灰分、挥发分测定应符合现行《煤的工业分析方法》（GB/T 212）的有关规定，全硫测定应符合现行《煤中全硫的测定方法》（GB/T 214）的有关规定。

6　测试煤样的瓦斯放散初速度。煤的瓦斯放散初速度测试应符合本规范附录C的有关规定。

7　测试煤的坚固性系数、钻屑解吸指标。煤的坚固性系数测试应符合本规范附录D的有关规定，钻屑解吸指标测试应符合本规范附录E的有关规定。

4.2.7　非煤系地层瓦斯隧道的测试、试验应符合下列规定：

1　在勘察钻孔孔口或孔内分段采用泵吸式仪器吸入孔内气体，应检测钻孔内瓦斯浓度、流量、压力，并进行气样的瓦斯成分检测。

2　可进行钻孔岩芯的岩石薄片鉴定、岩石孔渗试验、岩石等温吸附试验、岩石荧光试验、岩石热解试验。

3　应采集地下水样进行成分检测，评价其对混凝土和钢筋的腐蚀性。水样的腐蚀性评价应符合现行《公路工程地质勘察规范》（JTG C20）的有关规定。

4.2.8　测试、试验项目可按表4.2.8选用。收集资料中缺乏有关参数资料时，应补充测试及试验。

表 4.2.8 测试、试验项目

测试及试验项目	煤样	气样	岩样	水样
煤样密度 ρ（t/m^3）	+		+	
吨煤瓦斯含量 W（m^3/t）	+			
煤中水分 M_{ad}（%）	+			
煤中灰分 A_{ad}（%）	+			
煤的挥发分 V_{ad}（%）	+			
全硫 $S_{t,d}$（%）	（+）			
煤层透气性系数 λ［m^2/（MPa·d）］	（+）			
煤的破坏类型鉴定	（+）			
煤层瓦斯压力 p（MPa）		+		
煤的瓦斯放散初速度指标 Δp	（+）			
煤的坚固性系数	（+）			
钻屑解吸指标	（+）			
瓦斯成分		+		
钻孔内瓦斯浓度（%）		+		
钻孔内瓦斯流量（m^3/s）		+		
岩石薄片鉴定			（+）	
岩石孔渗试验			（+）	
岩石等温吸附试验			（+）	
岩石荧光试验			（+）	
岩石热解试验			（+）	
地下水成分检测				+

注：“+”为必做项目；“（+）”为选做项目。

条文说明

瓦斯隧道勘察时，先通过资料收集、地质调绘和钻孔揭露煤层及钻进情况，初步判断瓦斯地层类别、煤层自燃倾向性及煤尘爆炸性等，当初步分析后认为瓦斯隧道类别为微瓦斯、低瓦斯时，可只进行必测项目的工作；若判断为高瓦斯或煤（岩）与瓦斯突出时，则进行必测和选测项目的工作。

表 4.2.8 列出了常用的测试、试验项目，其中，煤系地层瓦斯隧道的必测项目为煤样密度，吨煤瓦斯含量，煤层瓦斯压力，煤中水分、灰分、挥发分，瓦斯成分；非煤系地层瓦斯隧道的必测项目为钻孔内瓦斯浓度、流量、瓦斯成分。选测项目是在瓦斯隧道经评价为高瓦斯或煤（岩）与瓦斯突出时进行选择性测试及试验。若收集资料中有相关的测试及试验参数资料可利用时，可不进行实测工作。

对于非煤系地层瓦斯隧道，勘察期间应在地质钻孔孔口或孔内分段采用泵吸式仪器吸入孔内气体进行检测，检测仪器可选用 SL-808A 天然气及液化石油气检测仪。

4.2.9 各勘察阶段的勘察方法可按表4.2.9进行选择。

表4.2.9　各勘察阶段的勘察方法选择

勘察方法	勘察阶段			
	预可勘察	工可勘察	初步勘察	详细勘察
资料收集	+	+	+	+
地质调绘	+	+	+	+
物探		(+)	(+)	(+)
钻探		(+)	+	+
测试、试验		(+)	+	+

注："+"为必做项目；"(+)"为选做项目。

条文说明

根据预可、工可、初步勘察、详细勘察等勘察阶段要求的不同，对瓦斯隧道的勘察深度由浅入深。预可阶段主要利用收集的资料并进行现场调绘。工可阶段可辅以少量的现场勘探测试工作，基本确定煤层的分布、厚度等特征，分析下伏地层是否有瓦斯赋存，结合地质构造的发育程度，定性判断和划分瓦斯地层类别。初步勘察、详细勘察阶段通过钻孔、测试、试验等方法，定量计算分析隧道的瓦斯地层类别，划分瓦斯工区，进行煤层自燃倾向性和煤尘爆炸性评价。

勘察方法的选取和组合不是固定的，表中列出的是常用的勘察方法，鼓励使用勘察新技术、新方法。随着勘察阶段的不同，勘察方案可根据地质构造的复杂程度、岩性组合情况、资料收集详细程度、工程类型等各种因素综合考虑后分析确定。

4.3 瓦斯隧道类别评估

4.3.1 预可、工可勘察阶段，当无相关资料参考时可按表4.3.1划分瓦斯隧道类别。

表4.3.1　预可、工可勘察阶段瓦斯隧道类别划分

<table>
<tr><th>瓦斯隧道类别</th><th>煤系地层瓦斯隧道</th><th>非煤系地层瓦斯隧道</th><th>备注</th></tr>
<tr><td>非瓦斯隧道</td><td>地层中不含煤层</td><td>下伏地层无深层瓦斯分布；下伏地层有深层瓦斯，隧址区为缓倾岩层且无区域性断裂分布</td><td rowspan="4">(1) 类别划分时，由高向低，当满足条件之一时即可定为相应类别；
(2) 因预可、工可阶段地质资料较少且粗略，因此不列微瓦斯类别</td></tr>
<tr><td>低瓦斯隧道</td><td>煤层厚度≤0.3m</td><td>下伏地层有深层瓦斯，隧址区为缓倾岩层，倾角小于20°，但地质构造较发育，有区域性断裂分布</td></tr>
<tr><td>高瓦斯隧道</td><td>煤层厚度>0.3m</td><td>下伏地层有瓦斯赋存，岩层倾角大于20°，处于背斜、向斜或区域性断裂构造</td></tr>
<tr><td>瓦斯突出隧道</td><td>煤层厚度>0.3m，且含有疑似突出煤层</td><td>满足高瓦斯隧道条件，并且邻近地下工程出现过突出现象</td></tr>
</table>

4.3.2 对于煤系地层瓦斯隧道，初步勘察及详细勘察阶段应根据收集资料进行类比评估，开展地质调绘，实施物探、钻探和测试试验工作，按本规范附录F计算绝对瓦斯涌出量，按本规范第3.2节划分瓦斯地层及瓦斯工区类别。应采用资料收集等手段进行煤层自燃倾向性和煤尘爆炸性评价。

条文说明

瓦斯隧道评估时，应首先利用收集的煤矿、油气田瓦斯资料进行类比评估，对瓦斯隧道类别和有关参数进行初步判断和分析，有效提高后续勘察工作的针对性。

与煤矿巷道和煤层开挖时面临的煤层大面积暴露的条件不同，瓦斯隧道穿越煤系地层时已考虑尽量以较短距离通过，所以在煤层自燃倾向性和煤尘爆炸性评价时，应收集邻近煤矿、地下工程关于煤层自燃倾向性和煤尘爆炸性的资料，并进行资料分析。若经分析本隧道工程所穿越的煤层与既有资料的煤层属于同一地层时，则可直接引用其评价结论，不必再进行取样测试工作；当地层有差异时，需进行取样测试评价工作。煤层自燃倾向性测试宜采用流动色谱吸氧法，测定煤的吸氧量、全硫等指标进行评价，测试评价需符合现行《煤自燃倾向性色谱吸氧鉴定法》（GB/T 20104）的有关规定。煤尘爆炸性测试鉴定可采用大管状煤尘爆炸性鉴定法，具体操作需符合现行《煤尘爆炸性鉴定规范》（AQ 1045）的有关规定。

4.3.3 对于非煤系地层瓦斯隧道，初步勘察和详细勘察阶段应开展专项勘察评价工作，结合收集资料的分析利用，通过钻孔封闭瓦斯测试、取岩、水样试验等计算隧道开挖过程中绝对瓦斯涌出量，划分瓦斯地层及瓦斯工区类别。

条文说明

对于非煤系地层瓦斯隧道，应通过钻孔封闭（封闭时间一般不小于24h）进行瓦斯浓度、流量等的检测，可参考标准大气状态下瓦斯爆炸浓度范围（5%～16%）进行瓦斯等级的初步判断，低于爆炸下限可初判为低瓦斯隧道，达到或超过爆炸范围可初判为高瓦斯隧道。定量评价时应计算隧道开挖过程中绝对瓦斯涌出量，油页岩地区可测定岩石的有机碳含量，推算瓦斯含量；天然气地区可根据岩石孔隙、天然气压力、瓦斯压缩系数计算游离瓦斯含量。

4.4 预可勘察

4.4.1 预可勘察应了解公路隧道所处区域范围内的工程地质条件、煤系地层分布、煤矿开采、石油天然气开采情况，定性分析是否为瓦斯隧道，概略划分瓦斯地层类别，依据瓦斯分布范围论证路线方案的可行性，为编制预可行性研究报告提供基础资料。

4.4.2 预可勘察应采用资料收集、地质调绘等手段，按本规范第4.3.1条进行瓦斯隧道评估。

条文说明

预可行性研究是公路建设项目前期工作的重要组成部分，是建设项目立项和决策的重要依据。在预可行性研究阶段，对隧道建设区域的工程地质条件更侧重于宏观地质条件的把握，从工程实践来看，主要采用资料收集、地质调绘等手段，对隧道所处路线走廊或通道的工程地质条件进行研究，为隧道绕避或以较短距离穿越瓦斯地层提供宏观地质资料。

4.5 工可勘察

4.5.1 工可勘察应初步查明公路隧道建设范围内的地质条件、煤系地层分布、是否存在非煤层瓦斯积聚区、是否存在非煤层瓦斯出露情况，初步分析煤系地层、非煤系瓦斯地层分布，以及瓦斯储存和分布与隧道的关系，定性判断是否为瓦斯隧道，划分瓦斯地层类别，依据工程地质条件论证路线方案的可行性与合理性，为编制工程可行性研究报告提供基础资料。

4.5.2 工可勘察应以收集资料和地质调绘为主，必要时辅以大比例尺航卫片解译。

4.5.3 工可勘察可按本规范第4.3.1条进行瓦斯隧道评估，对于评估为高瓦斯、煤（岩）与瓦斯突出的隧道，可进行少量钻探、测试、试验工作。

条文说明

工可阶段瓦斯隧道勘察范围较广，工作内容主要为通过收集资料和地质调绘、访问等手段定性判断各走廊范围内是否存在煤系地层瓦斯隧道和非煤系地层瓦斯隧道，初步定性判断瓦斯隧道等级和影响长度。对路线方案及工程造价影响较大的高瓦斯、煤（岩）与瓦斯突出的隧道可少量布设钻探、测试、试验工作，勘察方法应在资料收集和地质调绘的基础上确定。

4.6 初步勘察

4.6.1 初步勘察应在工可勘察的基础上，结合隧道的建设规模、标准和方案比选，确定勘察的范围、内容和重点。应采用资料收集、地质调绘、物探、钻探、测试、试验等手段基本查明下列内容：

1　隧道通过的地质构造、地层种类及含煤地层的分布，煤层数及顶底板特征和位置，煤层厚度及产状、变化特征，隧道穿煤里程及长度；

2 煤层特征、煤质特征和瓦斯含量及相关参数；

3 隧道的瓦斯成分、来源；

4 煤的自燃倾向性及煤尘爆炸性；

5 瓦斯地层和瓦斯工区类别。

4.6.2 隧道穿越油气田、含油气构造或下伏地层有煤层分布时，经分析为非煤系地层瓦斯隧道的，应实施钻孔并在钻孔内封闭测试瓦斯浓度、压力、流量。评价范围应满足路线布设的需要。

4.6.3 地质调绘应符合本规范第4.2.3条的有关规定，应重点调绘煤与瓦斯段岩性及其组合特征，地下水的补、径、排条件以及地下水与瓦斯的相互关系。

4.6.4 物探方法应根据地质构造、岩性、隧道埋深、采空区等特征要素，结合项目区地形地貌条件，按本规范表4.2.4选用，主要探测断层、褶皱、富水段、岩性变化、采空区等物性异常区。每座隧道宜布置不少于1条纵向物探测线，隧道轴线与岩层走向小角度交叉时宜布置不小于2条横向物探测线。

4.6.5 钻探及测试试验工作除应符合本规范第4.2.5～4.2.8条的有关规定外，尚应符合下列规定：

1 钻探孔位除应按现行《公路工程地质勘察规范》（JTG C20）中隧道初步勘察要求进行布置外，尚应根据本规范第4.2.5条的有关规定布置1～2个瓦斯勘察钻孔，针对性查明物探解译异常区、煤层分布及瓦斯来源。

2 钻孔内测定瓦斯浓度、压力，应采取煤样和气样进行有关测试与试验。

3 钻探过程中遇到煤层、瓦斯时，应进行观测和详细记录，并探明其位置、厚度，同时取样进行测试试验。

条文说明

初步勘察阶段瓦斯隧道勘察方法及工作量的确定应根据资料收集、地质调绘资料，进行针对性分析后选取和布置，包括物探方法的选取，钻孔的位置、数量和深度、取样测试试验工作等，勘察内容除需满足《公路工程地质勘察规范》（JTG C20）中隧道初步勘察要求外，尚需完成本规范第4.6.1条规定的瓦斯隧道勘察内容。

4.7 详细勘察

4.7.1 详细勘察应在初步勘察的基础上，查明煤层瓦斯分布范围、性质与特征，查明非煤系地层瓦斯隧道的地质构造，校核与修正隧道瓦斯地层和瓦斯工区类别，提供设计所需的基础资料，其内容应符合本规范第4.6.1条的有关规定，并应重点查明下列内容：

1　查明和解决初步勘察阶段未能查明的瓦斯地质问题，补充、校对初步勘察的瓦斯地质资料；

2　提供设计所需的煤层瓦斯地质定量指标、防治措施建议及注意事项；

3　校核评价煤层自燃倾向性和煤尘爆炸性，提出针对性防治措施建议。

4.7.2　详细勘察除应符合本规范第4.2节的有关规定外，尚应符合下列规定：

1　应在资料收集、地质调绘的基础上，采用以钻探、测试、试验为主的勘察方法。

2　应对初步勘察地质调绘资料进行核实。当隧道偏离初步设计位置及地质条件需进一步查明时，应补充工程地质调绘。

3　勘探测试点应在初步勘察的基础上，根据现场地形地质条件、水文地质、工程地质的评价要求进行加密，复核初步勘察关于地质调绘、物探、钻探、测试的资料，有条件时应进行煤矿、井下巷道内取样及测试、试验工作。

4　钻孔内物探宜采用综合测井、孔内电视等方法，对揭露的煤层、赋存构造等进行二次解译。

条文说明

详细勘察阶段是通过地质调绘、物探、钻探、测试等手段，对初步勘察发现的物探异常区或关键性参数进行验证性复查，以对初步勘察阶段成果进行验证或确认。

初步勘察至详细勘察之间一般会有较长的时间间隔，初步勘察阶段收集的煤矿、油气田资料可能会有更新，应注意重新收集并分析利用。

4.8　资料要求

4.8.1　文字说明应包括下列内容：

1　预可勘察、工可勘察应明确是否为瓦斯隧道，初步确定瓦斯地层类别，并阐述煤系地层的工程地质条件、隧道路线方案比选意见及下阶段地质勘察工作建议。

2　初步勘察应以专篇阐述隧道工程地质条件及瓦斯地层情况，煤层顶底板特征，影响瓦斯的地质条件，控制煤（岩）与瓦斯突出的地质因素，主要瓦斯参数、瓦斯涌出量预测、煤（岩）与瓦斯突出、煤层自燃倾向性和煤尘爆炸性评价等，明确隧道瓦斯地层类别、划分瓦斯地层类别，提出工程措施及详细勘察工作的建议等。

3　详细勘察应在初步勘察基础上，补充实施勘察工作后，校对初步勘察成果。资料要求应参照初步勘察的要求。

4.8.2　图表资料应包括下列内容：

1　预可、工可勘察：

1）全线工程地质平、纵面图（1∶50 000～1∶200 000）。图中应标明煤系地层及其他含瓦斯地层的分布位置。

2）隧道工程地质平、纵面图（1∶5 000～1∶10 000）。图中地层应划分至组或段，并标明煤层及采空区的空间位置。

2 初步勘察：

1）隧道1∶2 000～1∶10 000工程地质平面图。图中应标明煤层、矿井及采空区的分布范围。

2）隧道1∶2 000～1∶10 000工程地质纵断面图。图中应填绘煤层和矿井的空间分布位置、采空区分布，以及有关测试参数等。

3）采空区及瓦斯突出煤（岩）层等段落应附1∶200～1∶500工程地质纵断面图和横断面图。

4）1∶50～1∶200钻孔柱状图。

5）物探解译成果资料。

6）资料收集、地质调绘、勘探测试的附图、附表和照片等。

3 详细勘察：在初步勘察基础上，实施详细勘察工作后，应补充、校对初步勘察的瓦斯图表资料。资料要求应参照初步勘察的要求。

条文说明

瓦斯隧道地质勘察报告编写前，需对收集的资料、地质调绘资料，以及物探、钻探、测试、专题等基础资料进行归纳、整理、分析、确认，然后进行报告的综合编制工作。需特别注意对各项资料的综合分析工作，明确勘察结论。

5　设计

5.1　一般规定

5.1.1　瓦斯地层段衬砌结构防护等级应按表 5.1.1 确定。

表 5.1.1　瓦斯地层段衬砌结构防护等级

衬砌结构防护等级	瓦斯压力 p（MPa）	瓦斯地层类别
一	≥0.74	煤（岩）与瓦斯突出
二	$0.20 \leq p < 0.74$	高瓦斯
三	<0.20	低瓦斯

注：当瓦斯压力与瓦斯地层类别不一致时，应取较高者。

条文说明

地层中的瓦斯主要通过瓦斯压力与隧道内大气压压差渗透进入隧道，当地层中的瓦斯压力大于0.74MPa时，瓦斯压力大，有瓦斯突出危险，需采取最严密的防瓦斯结构措施。

5.1.2　衬砌结构防护等级较高地段应向等级较低地段延伸进行设防，延伸长度不应小于50m。

条文说明

本条参照《公路隧道设计规范　第一册　土建工程》（JTG 3370.1—2018）第14.6.2条规定，其要求的延伸距离（不应小于20m）偏小。因此，本条根据地层节理裂隙发育程度和瓦斯压力大小，从地质勘察精度误差及安全角度综合考虑，适当增大了设防长度。

5.1.3　微瓦斯地层段衬砌结构可按非瓦斯地层段衬砌结构进行设计。

5.1.4　瓦斯地层段衬砌结构应采用复合式衬砌。

条文说明

考虑瓦斯的渗透性，瓦斯地层采用单层衬砌容易造成瓦斯渗漏至运营空间，而采用复合式衬砌有利于防止瓦斯渗漏，消除安全隐患。

5.2 衬砌结构瓦斯防护措施

5.2.1 瓦斯地层段衬砌结构瓦斯防护措施宜根据衬砌结构防护等级按表5.2.1执行。

表5.2.1 瓦斯地层段衬砌结构防护措施

瓦斯地层段衬砌结构瓦斯防护措施	衬砌结构防护等级		
	一	二	三
围岩注浆	（+）		
喷射混凝土加强	+	+	+
防水层加厚	+	+	+
防水层全封闭	+	+	
抗渗混凝土	+	+	+
接缝防渗措施	+	+	（+）

注："+"为采用，"（+）"为选用。

5.2.2 衬砌结构防护等级为一级的瓦斯地层段可选用围岩注浆措施封堵瓦斯。

条文说明

对围岩进行注浆是防瓦斯渗透的措施之一，鉴于围岩注浆措施评定指标不易确定，本规范对衬砌结构防护等级为一级的瓦斯地层段可选用该措施。

5.2.3 衬砌结构防护等级为一级、二级瓦斯地层段的二次衬砌应采用带仰拱衬砌结构。

条文说明

衬砌结构防护等级为一级、二级瓦斯地层段由于瓦斯压力大，仰拱衬砌结构有利于结构受力，同时设置仰拱加强隧道底部防瓦斯渗透。

5.2.4 瓦斯地层段喷射混凝土的强度等级不应低于C25，厚度不应小于15cm。

5.2.5 衬砌结构防护等级为一级、二级的瓦斯地层段防水板应全封闭，瓦斯地层段防水板厚度不宜小于1.5mm。

条文说明

隧道初期支护与二次衬砌间设置的防水层是防止瓦斯渗透的措施之一，为加强隧道底部防瓦斯渗透，衬砌结构防护等级为一级、二级的瓦斯地层段隧道底部（或仰拱）考虑设置防水层全封闭。《公路隧道设计规范 第一册 土建工程》（JTG 3370.1—2018）规定防水板厚度不小于1.0mm，瓦斯地层段从安全角度考虑，建议不宜小于1.5mm。

5.2.6 瓦斯工区的防水卷材搭接宜采用冷粘法，瓦斯地层段防水卷材接缝搭接长度不应小于150mm。

条文说明

隧道施工中防水卷材搭接是最常见的施工工序，瓦斯隧道中由于瓦斯易积聚在防水卷材背后，当采用热焊时易引起防水卷材燃烧，带来安全隐患，因此宜采用冷粘法。

5.2.7 瓦斯地层段模筑混凝土的强度等级不应低于C30，厚度不应小于40cm。衬砌结构防护等级为一级、二级瓦斯地层段模筑混凝土抗渗等级不应小于P10；衬砌结构防护等级为三级瓦斯地层段模筑混凝土抗渗等级不应小于P8。

条文说明

模筑混凝土防瓦斯渗透主要指标为混凝土厚度及密实度，通过混凝土透气性试验发现，随着混凝土强度的提高，其抗渗性也相应提高，混凝土的抗透气性能也加强，鉴于现场试验室检测透气性系数难度大，本规范规定模筑混凝土防瓦斯渗透主要通过提高混凝土强度、抗渗性及厚度进行控制。

5.2.8 衬砌结构防护等级为一级、二级的衬砌结构二次衬砌接缝应设置不少于2道防渗措施。

条文说明

二次衬砌接缝（主要是施工缝、变形缝）是瓦斯渗漏的主要通道，鉴于衬砌结构防护等级为一级、二级的瓦斯地层段瓦斯压力大，因此建议接缝设置两道防渗措施。防渗措施可参考表5-1选用。

表5-1 接缝防渗措施选择

接缝	施工缝				变形缝			
采用措施	遇水膨胀橡胶止水条	中埋式止水带	外贴式止水带	其他防水密封材料	中埋式止水带	遇水膨胀橡胶止水条	外贴式止水带	其他防水密封材料
	应选	选用一种			应选	选用一种		

5.2.9 衬砌结构防护等级为一级、二级的隧道地下水排水沟（管）应采取密封措施，并在洞口附近设置水气分离装置，分离的瓦斯采用管道引至洞外高处放散。

条文说明

保证隧道排水沟（管）的密封性，主要目的是防止瓦斯渗透进入隧道内。衬砌结构防护等级为一级、二级瓦斯地层段由于瓦斯压力大，一般采用全封闭衬砌，洞口设置水气分离后可有效降低衬砌背后的瓦斯压力。

5.2.10 从隧道内引出瓦斯的排放管，其上端管口应高出隧道拱顶不小于3m，其20m内严禁有明火火源及易燃易爆物品。采用金属排放管时应妥善接地。

条文说明

为防止排出的瓦斯重新进入隧道，因此规定高出拱顶一定的距离放散，同时为防止雷击起火，引出洞外的排瓦斯金属管道需有接地等防雷击措施。

5.3 运营通风与瓦斯监测

5.3.1 瓦斯隧道交（竣）工验收时，隧道内任一处瓦斯浓度不应大于0.25%。

条文说明

瓦斯隧道交（竣）工验收时的浓度指标是按施工期间微瓦斯工区浓度指标0.25%确定的。隧道内任一处包括隧道主洞、辅助通道、横通道、预留洞室、电缆沟等。

5.3.2 瓦斯隧道运营期间应采用人工检测，检测频率不低于1次/月，并做好记录。衬砌结构防护等级为一级的瓦斯隧道，运营期间宜设置瓦斯自动监测系统。自动监测系统应具有瓦斯超限报警，运营通风机应具有自动控制和手动控制功能。

5.3.3 瓦斯隧道运营期间，瓦斯检测与监测断面在瓦斯地层段宜按100m间距布置。在两端洞口附近、人字坡隧道变坡点、紧急停车带、横通道等区域应布置瓦斯检测与监测断面。

5.3.4 瓦斯检测位置应位于隧道断面中部拱顶下25cm处。设置自动监测系统应能抗强电磁干扰，探头的安装应便于定时检查维修。

5.3.5 瓦斯隧道地下排水系统、电缆沟、横通道门等检修工作应杜绝火源。检修空间内任一处瓦斯浓度不得大于5%。检修前，必须先进行瓦斯检测，待确认安全后方可进行检修。检修时应随时检测瓦斯，当瓦斯浓度超限时应采用局部通风设备通风稀释至安全范围。

5.3.6 瓦斯隧道运营期间，通风需风量计算除应按正常通风考虑工况之外，尚应考虑防止瓦斯积聚的工况。防止瓦斯积聚的风速不应小于1.0m/s。

5.3.7 瓦斯隧道运营期间应根据瓦斯浓度监测值进行通风管理，当隧道内瓦斯浓度大于或等于0.25%且小于0.5%时应开启风机；当隧道内瓦斯浓度大于或等于0.5%时应禁止通行，同时开启全部风机，查明原因并进行处理。

5.3.8 衬砌结构防护等级为一级的瓦斯隧道内横通道、地下变电所、地下风机房等洞室宜设置瓦斯自动监测系统及换气设施。当洞室内瓦斯浓度大于或等于0.25%时应开启换气设施；人员进入洞室前应先打开换气设施并检测瓦斯浓度，确认安全后方可进入。

5.4 辅助通道

5.4.1 瓦斯隧道辅助通道的设置，应根据隧道规模、瓦斯工区类别及瓦斯工区长度，并结合施工通风需要等，综合研究确定。

条文说明

辅助通道的形式主要有平导、斜井、竖井、横洞等。

5.4.2 单洞双向通行隧道高瓦斯工区或煤（岩）与瓦斯突出工区，独头掘进长度大于1 500m时宜设置通风辅助通道。

条文说明

本条参照《公路工程技术标准》（JTG B01—2014）第8.0.6条第6款中特长隧道必须设置消防通道的规定，结合高瓦斯工区、煤（岩）与瓦斯突出工区通风要求高的特点，针对隧道掘进长度较长时采用独头压入式通风难度大的特点，设置通风辅助通道采用巷道式通风。

5.4.3 辅助通道瓦斯工区的安全技术措施应与主洞一致。

5.4.4 运营期间使用的辅助通道应设置永久支护，其穿越瓦斯地层段的衬砌结构瓦斯防护措施应与主洞一致。

5.4.5 竣工后废弃的辅助通道，洞口及交叉口均应设置封堵墙，封堵墙厚度不应小于5m，穿越瓦斯地层段宜采用洞渣回填。

5.4.6 高瓦斯地层、煤（岩）与瓦斯突出地层段不应设置地下风机房。

6 超前地质预报

6.1 一般规定

6.1.1 瓦斯地层段超前地质预报应根据瓦斯地层类别选择预测预报方法，主要方法包括地质调查、地质素描、物探、超前钻探和试验检测等。

条文说明

超前钻探包括炮眼钻孔加深和超前水平钻孔，炮眼钻孔加深在开挖钻孔每循环进行，超前水平钻孔深度一般在50m以上。

6.1.2 瓦斯地层段必须实施超前地质预报，校核隧道穿越瓦斯地层段落、采空区与隧道的空间位置，以及瓦斯工区类别。

6.1.3 瓦斯地层段超前地质预报应全程进行瓦斯检测，检测工作面及回风流中的瓦斯浓度。超前钻孔宜进行单工序作业。

条文说明

本条规定是为了防止超前钻孔时瓦斯异常涌出而造成灾害。

6.2 地质调查与地质素描

6.2.1 瓦斯隧道施工前应进行地质调查，内容主要包括：

1 对地质勘察成果的熟悉、核查和再次确认；

2 瓦斯地层及地质构造在地表的出露位置、厚度及产状变化；

3 采煤巷道走向、展布、高程及其在空间上与隧道的关系。

6.2.2 微瓦斯、低瓦斯地层段隧道内掌子面地质素描断面间距不宜大于5m，高瓦斯、煤（岩）与瓦斯突出地层段每个开挖循环均应进行地质素描。

条文说明

6.2.1、6.2.2 瓦斯隧道施工前，在熟悉勘察设计文件的基础上，通过地表调查、煤层巷道调查等进行复查和确认，核查是否存在勘察设计资料中没有发现和新出现的地质问题，明确隧道施工的重点、难点问题和区段，为合理编制施工组织计划，保证隧道施工安全提供依据。隧道施工时掌子面地质素描断面间距参考现行《公路隧道施工技术规范》（JTG F60），并结合瓦斯地层类别做此规定。

6.3 物探

6.3.1 瓦斯地层物探宜采用长距离物探和短距离物探相结合的方式，主要包括地质雷达法、弹性波反射法、瞬变电磁法等。

条文说明

弹性波反射法，如TSP（Tunnel Seismic Prediction）的有效预报距离为100～200m，一般可称为长距离物探。地质雷达法有效预报距离在30m以内，一般可称为短距离物探。

6.3.2 距煤层、采空区50～100m时，应采用不少于两种物探方法，初步查明煤层、采空区位置以及与隧道的空间关系。

6.4 超前钻探

6.4.1 瓦斯地层段施工前，应实施超前钻探，查明煤层、采空区、断层等的规模、形态，以及与隧道的空间位置关系。

6.4.2 高瓦斯、煤（岩）与瓦斯突出地层段超前钻孔不应少于3个；微瓦斯、低瓦斯地层段超前钻孔可布置1～3个。钻进方向宜与煤层层面大角度相交。

条文说明

现场实际施作的通常做法，超前钻孔为1个时布置在掌子面的中部，3个钻孔时分别布置在掌子面的上部及左右侧。

6.4.3 超前钻探煤层时，应在距煤层垂距20m的位置进行初探，钻孔数不应少于1个。在距煤层垂距10m的位置再次探测，钻孔数不应少于3个，其中1个孔采用取芯钻进并进行地质编录，对钻孔内瓦斯浓度、瓦斯流量、瓦斯压力进行检测，必要时对煤样进行试验。

条文说明

参照《煤矿安全规程》（2016 年版）第二百一十四条，根据隧道工程前期设计与施工经验总结做此规定。超前钻探过程中出现顶钻、喷孔等瓦斯动力现象时，应对煤样进行试验。

6.4.4 超前钻孔应符合下列规定：

1 应采用湿式钻孔，不得干钻，揭煤防突应使用防爆钻机。

2 钻孔直径不宜小于 65mm，取芯钻孔直径不宜小于 76mm，钻孔深度不宜小于 50m，前后两循环钻孔水平搭接长度不宜小于 5m。

3 钻孔过程中应观察记录孔口瓦斯浓度、排出的浆液、煤屑变化情况、喷孔和顶钻等信息。

4 每个超前钻孔结束后均应及时整理钻孔原始记录表和成果图。

条文说明

根据现场调研，结合前期经验总结做此规定，瓦斯超前钻孔布置可参照图 6-1。

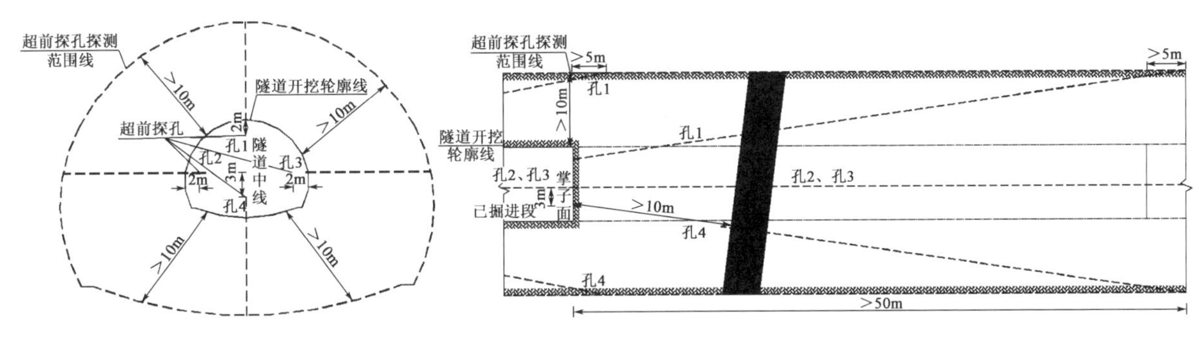

图 6-1 瓦斯超前钻孔布置图

6.4.5 超前钻孔过程中出现瓦斯动力现象时，应按本规范第 10 章的有关规定进行超前探测和突出危险性预测。

6.4.6 瓦斯地层每循环开挖应加深炮眼孔探测瓦斯，加深长度不应小于 2m，加深钻孔数量拱部不应少于 5 个、下部不应少于 3 个。

条文说明

根据现场调研，结合双车道公路隧道钻爆施工特点做此规定。每循环开挖钻孔数量可根据隧道开挖断面大小适当调整，三车道及以上隧道可适当增加数量。

7　施工通风、瓦斯检测与监测

7.1　一般规定

7.1.1　瓦斯隧道应建立施工通风监控系统，设置专职人员测定风速、风量等参数。

条文说明

施工通风是控制洞内瓦斯浓度、确保施工安全的根本手段，因此，对通风系统进行监控，避免出现通风盲区，确保通风能满足各用风地点风量要求，需测定瓦斯工区的风量、风速等参数，以便及时进行风量调节。

7.1.2　瓦斯工区应制订瓦斯检测方案，按检测频率要求开展瓦斯检测与记录工作。

条文说明

参照《煤矿安全规程》（2016 年版）第一百八十条的规定，并结合公路隧道的特点制订，瓦斯记录工作通常包括填写瓦斯检查记录本、瓦斯检查记录牌板及瓦斯检测班报表。

7.1.3　瓦斯工区施工过程中宜根据现场瓦斯检测需要，按本规范附录 G 实测瓦斯浓度和通风量，计算绝对瓦斯涌出量，校核瓦斯工区类别。

7.1.4　微瓦斯工区隧道洞内通风风速不应小于 0. 15m/s，低瓦斯工区隧道洞内通风风速不应小于 0. 25m/s，高瓦斯工区和煤（岩）与瓦斯突出工区隧道洞内通风风速不应小于 0. 5m/s。

条文说明

本条主要参照《煤矿安全规程》（2016 年版）第一百三十六条的规定，并综合考虑瓦斯工区类别的判定指标依据、公路瓦斯隧道特点而规定的最低要求。通风风速通常是指隧道内回风流的断面平均风速。

7.1.5　瓦斯易积聚处应实施局部通风，风速应不小于 1. 0m/s。

条文说明

隧道施工过程中在二次衬砌浇筑工作面、拱部塌方区域等位置容易形成瓦斯积聚，现场通常采用局部通风机、气动风机、空气引射器等设备进行局部通风，吹散积聚的瓦斯，避免形成瓦斯停留区域。

7.1.6 瓦斯工区施工应进行机械通风。

7.2 施工通风

7.2.1 瓦斯工区施工通风需风量应按爆破排烟、工作的最多人数、作业机械、最小风速及绝对瓦斯涌出量分别计算，取其最大值作为需风量，并进行风速验算。

条文说明

洞内需风量的计算，除考虑保证施工人员身体健康需要的新鲜空气外，尚需满足施工其他方面的要求。因此，从以下几个方面综合考虑：

(1) 按洞内同时工作的最多人数需要的新鲜空气计算风量。

(2) 在规定时间内把同时爆破且使用最多炸药量所产生的有害气体稀释到允许浓度以下，由此计算风量。

(3) 根据不同的施工方法，按坑道内规定的最小风速计算风量。

(4) 当隧道采用内燃机械施工时，还应按内燃设备总功率（kW）需要的空气计算风量。

(5) 稀释瓦斯涌出量至安全浓度所需风量。

按上述几个方面计算后，以其中最大者作为需风量。

7.2.2 高瓦斯工区和煤（岩）与瓦斯突出工区通风长度大于1 500m时宜采用巷道式通风。

条文说明

由于高瓦斯工区和煤（岩）与瓦斯突出工区的瓦斯逸出量较大，对通风的要求高，如果隧道通风长度大于1 500m，采用压入式通风方案难以保证通风效果，对风机和风管的性能要求高，因此建议采用巷道式通风。考虑到高速公路隧道通常按双洞分离式隧道布设，单洞公路特长隧道通常布设逃生救援通道，因此采用巷道式通风对工程费用影响有限。

7.2.3 按绝对瓦斯涌出量计算需风量，风量应能将高瓦斯工区、低瓦斯工区内各处瓦斯浓度稀释到0.5%以下，将微瓦斯工区内各处瓦斯浓度稀释到0.25%以下。

7.2.4 瓦斯工区各个开挖掌子面应独立通风，不得使用1台通风机同时向两个及两个以上掌子面供风，任何两个掌子面之间不得串联通风。

条文说明

由于将一个开挖工作面含有瓦斯的气体引排至其他开挖工作面，会扩大瓦斯分布范围，增加安全隐患，同时考虑到一台通风机向两个掌子面供风时，风量控制可靠性较差，故做出本条规定。

7.2.5 瓦斯工区通风设备的布置及安装应符合下列规定：

1 洞外通风机应设在洞外新鲜风流中，洞内送风机应布设在进风通道的新鲜风流中，且供给新鲜风量应大于洞内通风机的吸入风量，风机距回风排污口的距离不小于30m。

2 应有一套同等性能的备用通风机，并保持良好的使用状态，备用通风机应能在10min内启动。

3 通风机应设两路电源，并装设风电闭锁装置，当一路电源停止供电时，另一路应在10min内接通。

4 低瓦斯工区、高瓦斯工区及煤（岩）与瓦斯突出工区内使用的局部通风机、射流风机均应采用防爆型，高瓦斯工区及煤（岩）与瓦斯突出工区应采用专用变压器、专用开关、专用线路、风电闭锁和甲烷电闭锁。

5 风管应具有抗静电、阻燃性能，其直径不宜小于1.2m。风管送风口距开挖面不宜大于10m，风管安装应平顺，接头严密，百米漏风率不得大于2%。

条文说明

专用变压器、专用开关、专用线路简称“三专供电”，风电闭锁和甲烷电闭锁简称“两闭锁”。本条是参照《煤矿安全规程》（2016年版）第一百五十八条、第一百六十四条的规定，并结合公路隧道的特点而制定。

7.2.6 微瓦斯工区、低瓦斯工区日常通风检查每天应不少于1次，高瓦斯工区和煤（岩）与瓦斯突出工区每班应不少于1次，检查包括下列内容：

1 作业面风速是否满足最小风速的规定；

2 风速、风量是否能满足工区内各作业点稀释瓦斯的要求；

3 瓦斯易积聚处采取的防止瓦斯积聚措施是否有效；

4 风管安装是否规范，通风设施是否正常工作。

条文说明

瓦斯隧道施工期间应保证通风满足相关要求，考虑到公路隧道洞内作业工序相对较多，因此有必要提出本条规定，保障施工安全。

7.2.7 瓦斯工区通风方式改变、压入式风管长度每增加100m或每隔15d，应对隧道通风进行检测，主要内容为通风的风速、风量、风管漏风率等。

条文说明

本条主要参照《煤矿安全规程》（2016年版）的第一百四十条，同时考虑公路隧道的施工特点而制定。

7.2.8 高瓦斯工区和煤（岩）与瓦斯突出工区放炮后通风时间应不少于30min，微瓦斯工区和低瓦斯工区放炮后通风时间应不少于15min。放炮后经巡视爆破地点无危险情况后方可进场作业。当按规定时间不能将瓦斯浓度稀释到规定值以下时，应采取提高风速、增大风量、延长通风时间或采取钻孔抽（排）放瓦斯等措施。

条文说明

现场有瓦斯自动监控报警系统时，需查看自动监控报警系统的瓦斯浓度指标，确认瓦斯浓度满足规定要求时，瓦斯检查员、放炮员和安全员才能进洞巡视爆破地点。当通风后瓦斯浓度不能在规定时间内降到规定值以下，说明隧道通风已不能满足稀释瓦斯的需求，通常需调整通风系统，加大通风量，仍然不能有效稀释瓦斯时，则需要停止工区作业，对隧道采取钻孔抽（排）放瓦斯措施，以降低瓦斯涌出量。

7.2.9 采用巷道式通风时，除用作通风联络道的横通道外，其他横通道应封闭。运输用的横通道应设两道双向闭锁风门，防止风流短路。

条文说明

为保证巷道式通风效果，防止含有瓦斯的空气混入送风风流中，应及时封闭无关的横通道，横通道封闭可采用回力门或砖墙封闭等。

7.2.10 隧道贯通应满足下列规定：

1 瓦斯隧道相向掘进掌子面贯通前，在相距50m前应停止一个掌子面的掘进，做好调整通风系统的准备工作；停止掘进的工作面应保持正常通风和瓦斯检测，设置栏杆及警示标志。掘进工作面每次爆破前，必须按规定检测工作面及其回风流中的瓦斯浓度，两端工作面及其回风流中的瓦斯浓度均符合要求时，掘进的工作面方可爆破。每次爆破前，两端工作面入口必须有专人警戒。

2 隧道贯通时，应由专人在现场统一指挥。

3 隧道贯通后，应停止隧道内的一切工作，调整通风系统，待风流稳定并确认安全后方可恢复施工。当贯通的两端工作面的瓦斯工区类别不同时，风流不得从较高类别的瓦斯工区流向较低类别的瓦斯工区。

7.2.11 通风设备设施管理应符合下列规定：

1 应按施工通风设计要求安装通风机，通风机的运转及通风设施维护应由专人负责。

2 当工作通风机需要停运时，应先启动备用通风机，不应出现先停后启动或工作通风机及备用通风机均停止运行的情况。

3 瓦斯隧道内应设置测风牌板，标明检测人员、风速和时间等内容。

4 通风管理人员必须每班检查局部通风机和风电闭锁装置的完好性，发现问题应及时处理。

7.2.12 瓦斯工区停风时，必须撤出所有人员，切断电源，设置警示标志，严禁人、车辆进入隧道。恢复瓦斯工区通风前，应由配备自救器的专业瓦斯检测人员进洞检测洞内瓦斯浓度，并制订通风及风机启动方案。经检测瓦斯浓度不超过1.0%，且洞内通风机及其开关附近10m以内风流中的瓦斯浓度均不超过0.5%时，方可人工启动洞内通风机；当通风后经检测瓦斯浓度仍超过1.0%时，应制定并采取稀释瓦斯的安全措施。

条文说明

本条主要参照《煤矿安全规程》（2016年版）第一百六十五条和第一百七十六条的规定。

7.3 瓦斯检测与监测

7.3.1 高瓦斯工区和煤（岩）与瓦斯突出工区应采用自动监测系统与人工检测相结合的方式，自动监测的探头宜采用双探头；低瓦斯工区宜采用自动监测系统与人工检测相结合的方式；微瓦斯工区可只采用人工检测的方式。

条文说明

本条主要结合不同瓦斯工区类别的要求及国内铁路和公路瓦斯隧道施工调研成果而制定。

7.3.2 瓦斯工区的瓦斯检测仪器、仪表的配备应符合下列规定：

1 高瓦斯工区、煤（岩）与瓦斯突出工区应同时配备低浓度光干涉式甲烷测定器和高浓度光干涉式甲烷测定器。

2　非瓦斯工区、微瓦斯工区、低瓦斯工区应配备低浓度光干涉式甲烷测定器。

3　当地层富含硫化氢（H_2S）、一氧化碳（CO）、氮气（N_2）、二氧化氮（NO_2）、氨气（NH_3）等有害气体时，应配备相应的气体测定器。

7.3.3　洞内班组长、特殊工种等人员进入瓦斯工区应配备便携式甲烷检测报警仪。

7.3.4　瓦斯检测仪器、仪表应定期检测、调试、校正。

7.3.5　人工瓦斯检测应包括下列地点：

1　隧道内掌子面、仰拱及二次衬砌等作业面。

2　爆破地点附近20m内风流中。

3　拱顶、脚手架顶、台车顶、塌腔区、断面变化处、联络通道及预留洞室等风流不易到达、瓦斯易发生积聚处。

4　过煤层、断层破碎带、裂隙带及瓦斯异常涌出点。

5　局部通风机、电机、变压器、电气开关附近、电缆接头等隧道内可能产生火源的地点。

7.3.6　人工瓦斯检测频率应符合下列规定：

1　微瓦斯工区不应少于1次/4h，低瓦斯工区、高瓦斯工区不应少于1次/2h。

2　高瓦斯工区和煤（岩）与瓦斯突出工区的开挖工作面及瓦斯涌出量较大、变化异常区域，应提高瓦斯浓度检测频率。

3　瓦斯浓度低于0.5%时，应每0.5～1h检测一次；高于0.5%时，应随时检测。

4　瓦斯工区内进行钻孔作业、塌腔及采空区处治和焊接动火、切割时，应随时检测瓦斯。

7.3.7　瓦斯工区的开挖工作面及台车位置的拱顶以下25cm范围内应悬挂便携式甲烷检测报警仪，实时检测瓦斯浓度。

7.3.8　瓦斯自动监控报警系统设备及安装要求可参照本规范附录H执行，其功能应满足下列最低要求：

1　具有断电、馈电状态监测和报警功能，显示、存储和打印报表功能。

2　能实时监测瓦斯浓度、洞内风速。

3　可对主要风机实现风电闭锁功能，其他设备实现甲烷电闭锁功能。

4　瓦斯浓度超过要求时，自动切断超限区的电源后，自动监控报警系统仍可正常工作。

7.3.9 隧道内瓦斯浓度限值及超限处理措施应符合表7.3.9的规定。

表7.3.9 隧道内瓦斯浓度限值及超限处理措施

<table>
<tr><th>序号</th><th>工 区</th><th>地 点</th><th>限值</th><th>超限处理措施</th></tr>
<tr><td>1</td><td>微瓦斯工区</td><td>任意处</td><td>0.25%</td><td>查明原因，加强通风监测</td></tr>
<tr><td>2</td><td>低瓦斯工区</td><td>任意处</td><td>0.5%</td><td>超限20m范围内立即停工，查明原因，加强通风监测</td></tr>
<tr><td>3</td><td rowspan="7">高瓦斯工区和煤（岩）与瓦斯突出工区</td><td>瓦斯易积聚处</td><td>1.0%</td><td>超限附近20m停工，断电，撤出人员，进行处理，加强通风</td></tr>
<tr><td>4</td><td>开挖工作面风流中</td><td>1.0%</td><td>停止钻孔，超限处停工，撤出人员，切断电源，查明原因，加强通风等</td></tr>
<tr><td>5</td><td>回风巷或工作面回风流中</td><td>1.0%</td><td>停工，撤出人员，进行处理</td></tr>
<tr><td>6</td><td>放炮地点附近20m风流中</td><td>1.0%</td><td>严禁装药放炮</td></tr>
<tr><td>7</td><td>煤层放炮后工作面风流中</td><td>1.0%</td><td>继续通风，不得进入</td></tr>
<tr><td>8</td><td>局扇及电气开关10m范围内</td><td>0.5%</td><td>停机，通风，进行处理</td></tr>
<tr><td>9</td><td>电动机及开关附近20m范围内</td><td>1.0%</td><td>停止运转，撤出人员，切断电源，进行处理</td></tr>
</table>

7.3.10 每班人工瓦斯检测结果应与自动监控系统相应位置、时间的自动监控值进行比对，两种方式相互验证，发现异常应及时查明原因。

7.3.11 停工封闭的瓦斯隧道复工前必须制定安全专项技术措施，进行全面的瓦斯浓度检测。应重点检测瓦斯易积聚且风流不易到达的地方，排除积聚的瓦斯。当工区瓦斯浓度降到0.5%以下时方可恢复作业。

条文说明

国内发生过因恢复瓦斯隧道施工时管理不严，在未检测瓦斯浓度和采取通风排出积聚瓦斯的情况下，盲目进洞且操作不当而引发瓦斯爆炸，造成重大人员伤亡的事故，因此，要充分重视封闭停工的瓦斯隧道恢复施工的管理。

8 钻爆作业

8.1 一般规定

8.1.1 瓦斯工区应严格控制超挖和塌腔。

条文说明

隧道施工中因各种原因产生的超挖、塌腔容易形成瓦斯局部积聚，从而成为瓦斯燃烧爆炸的隐患。

8.1.2 瓦斯地层开挖工作面装药前、爆破前和爆破后，必须检查放炮地点附近20m以内风流中的瓦斯浓度，瓦斯浓度值应符合本规范表7.3.9的规定。

8.1.3 瓦斯地层爆破工作应全过程检测瓦斯。爆破前应进行下列检查工作，并确认安全后方可启爆：

1 应检查爆破连线。

2 应组织设置警戒，撤出人员，清点人数。

3 应检查瓦斯、煤尘浓度。

条文说明

8.1.2、8.1.3 参考煤矿系统“一炮三检”和“三人连锁放炮”制度的规定，这是瓦斯灾害预防的通行、有效做法。

8.1.4 发生瓦斯喷出等异常状况或其他煤（岩）与瓦斯突出预兆时，应立即报警，切断电源，停止工作，撤出人员，并启动应急预案。

条文说明

瓦斯喷出是指大量的承压瓦斯肉眼可见地从煤、岩裂缝中快速涌出的现象。

8.2 钻爆施工

8.2.1 瓦斯地层钻孔作业必须符合下列规定：

1 开挖工作面附近20m风流中瓦斯浓度应符合本规范表7.3.9的规定。

2 钻孔应采用湿式钻孔。

3 有两个及两个以上爆破临空面时，煤层中最小抵抗线不得小于0.5m；岩层中最小抵抗线不得小于0.3m。

4 炮眼深度应不小于0.6m。

5 严禁使用煤电钻。

条文说明

最小抵抗线是指炮眼中药卷中心到最近爆破临空面的垂直距离。爆炸冲击波首先冲破抵抗线最小的爆破临空面，最小抵抗线越小，炸药与爆破临空面之间所夹的介质越薄，爆破剩余能量越大，爆生气体、雷管碎屑甚至火焰喷至爆破临空面以外，创造爆燃条件，引起瓦斯、煤尘燃烧、爆炸，因此需对最小抵抗线进行控制。

《国家安全监管总局关于印发淘汰落后安全技术工艺、设备目录（2016年）的通知》（安监总科技〔2016〕137号）把煤电钻列入了《淘汰落后安全技术工艺、设备目录（2016年）》。《煤矿安全规程》（2016年版）规定“突出矿井禁止使用煤电钻，煤层突出参数测定取样时不受此限”。实际上，公路隧道基本不使用煤电钻，因此本条规定严禁使用煤电钻。

8.2.2 微瓦斯地层可采用常规爆破器材，低瓦斯地层、高瓦斯地层及煤（岩）与瓦斯突出地层使用的爆破器材必须符合下列规定：

1 低瓦斯地层中的煤层段应使用安全等级不低于二级的煤矿许用炸药。高瓦斯地层中的煤层段必须使用安全等级不低于三级的煤矿许用炸药。煤（岩）与瓦斯突出工区瓦斯地层和揭煤施工必须使用安全等级不低于三级的煤矿许用含水炸药。

2 必须使用煤矿许用瞬发电雷管、煤矿许用毫秒延期电雷管或煤矿许用数码电雷管。使用煤矿许用毫秒延期电雷管时，最后一段的延期时间不得超过130ms。使用煤矿许用数码电雷管时，一次起爆总时间差不得超过130ms，并应与专用起爆器配套使用。一次爆破必须使用同一厂家、同一品种的煤矿许用炸药和电雷管。

3 起爆母线应选用具有良好绝缘和柔顺性的铜芯电缆。放炮母线或辅助母线的破皮、裸露接头，必须作绝缘处理。

4 起爆器应选用防爆型。

条文说明

微瓦斯地层瓦斯涌出量较小，使用常规爆破器材可节约施工成本、加快施工进度，但是没有采用煤矿许用炸药和设备改装等措施。高瓦斯地层、煤（岩）与瓦斯突出地层爆破器材相关规定参考《煤矿安全规程》（2016年版）的规定执行。

水胶炸药和乳化炸药属于含水炸药。

8.2.3 装药前和爆破前，若存在下列任意一种情况，则严禁装药、严禁爆破：

1 爆破地点20m以内，风流中瓦斯浓度达到或超过本规范表7.3.9规定值。

2 爆破地点风量不足。

3 炮眼内发现异响、温度骤高骤低、瓦斯明显涌出、炮眼穿透采空区等现象。

条文说明

当开挖工作面风量不足时，既不能保证作业人员正常呼吸，也不能排出和稀释各种有害气体与矿尘；炮眼内发现异响、温度骤高骤低、瓦斯明显涌出为瓦斯突出的预兆；炮眼穿透采空区时，采空区可能聚集瓦斯，此时装药爆破很可能会发生瓦斯灾害，所以规定在这种情况下，严禁装药、爆破。

8.2.4 瓦斯地层装药应符合下列规定：

1 装药前应清除炮眼内的煤粉、岩粉。

2 装药时，应用木质或竹质炮棍将药卷推入，不得冲撞或捣实。

3 高瓦斯工区及煤（岩）与瓦斯突出工区不得采用反向起爆。

4 炮眼有水时，应使用抗水型炸药。

5 不得使用破损的电雷管。

条文说明

起爆方式按炮眼的装药结构有反向起爆和正向起爆。反向起爆是起爆药包位于柱状装药的里端，靠近或在炮眼底，雷管底部朝向炮眼口的起爆方法；正向起爆是起爆药包位于柱状装药的外端，靠近炮眼口，雷管底部朝向炮眼底的起爆方法，如图8-1所示。

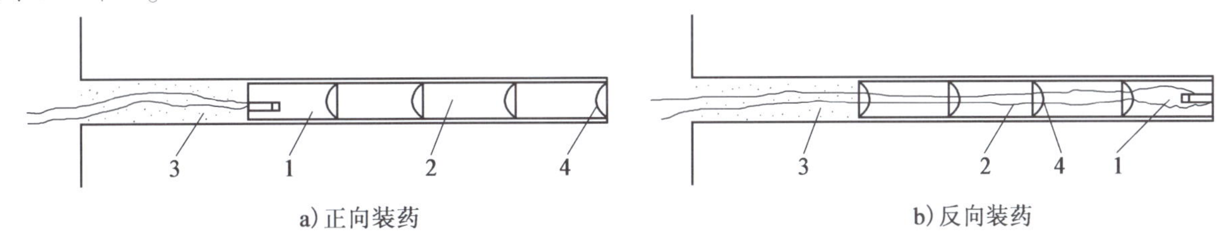

a）正向装药　　b）反向装药

图8-1　正向起爆与反向起爆

1-起爆药卷；2-被动药卷；3-炮泥；4-聚能穴

由于反向起爆时炸药的爆轰波和固体颗粒的传递与飞散方向是朝着眼口的，当这些微粒飞过预先被气态爆炸产物所加热的瓦斯时，很容易引爆瓦斯，因此规定高瓦斯工区及煤（岩）与瓦斯突出工区不得采用反向起爆。

8.2.5 瓦斯地层炮眼封堵必须符合下列规定：

1 炮眼封堵必须使用水炮泥，水炮泥外剩余的炮眼部分应采用黏土炮泥或其他不燃、可塑、松散材料制成的炮泥封实。

2 炮眼封堵严禁采用煤粉、块状材料或其他可燃性材料。

3 存在没有封堵、封堵不足或不实的炮眼时，严禁爆破。

4 炮眼封堵长度应符合表 8.2.5 规定。

表 8.2.5 炮眼封堵长度

炮眼深度 L（m）或炮眼类型	炮眼封堵长度 d（m）
光面爆破周边眼	≥0.3
$0.6 \leq L < 1.0$	$\geq L/2$
$1.0 \leq L < 2.5$	≥0.5
$L \geq 2.5$	≥1.0

条文说明

水炮泥是用塑料薄膜圆筒充水的一种安全、可靠的炮眼充填材料。但是不能只装水炮泥而不装黏土炮泥，因为水炮泥的直径小于炮眼直径，不能完全起到黏土炮泥的作用，因此水炮泥外剩余的炮眼部分应用黏土炮泥或不燃、可塑、松散材料制成的炮泥封实。

当炸药在没有封堵、封堵不足或不实的炮眼内爆炸时，爆生气体从眼口逸出，不但炸药的静压膨胀作用得不到充分利用，爆破效果不好，而且爆炸火焰及雷管碎屑从眼口喷出，直接与井下瓦斯、煤尘接触，容易引起瓦斯、煤尘爆炸，所以，无封堵、封堵不足或不实的炮眼，严禁爆破。此外，加工炮泥时不能混入石子，否则爆破时会造成飞石伤人毁物。

8.2.6 瓦斯工区爆破网络和连线必须符合下列规定：

1 必须采用绝缘母线单回路爆破，严禁利用轨道、金属管、金属网、水或大地等作为爆破回路。

2 严禁将毫秒延期电雷管和瞬发电雷管接入同一串联网路中混合使用。

3 爆破母线与电缆、电线、信号线不应设在同一侧，不得不设在同一侧时，爆破母线应设在下方，且距离不小于 0.3m。母线应随用随设。

4 煤（岩）与瓦斯突出工区的瓦斯地层，起爆器宜设置在洞外。起爆器不能设在洞外时，应根据爆破安全距离、预计煤（岩）与瓦斯突出强度、通风系统等确定位置；

起爆器应安装在新鲜风流中；起爆器 20m 范围以内风流中瓦斯浓度必须小于 1.0%。

5　一个开挖工作面严禁同时使用两台及两台以上起爆器起爆。一次装药不得分次起爆。

条文说明

分次爆破间隔时间短，爆破后涌出的瓦斯不能及时被风流冲淡稀释，连续爆破造成瓦斯递增，形成瓦斯积聚，易发生瓦斯灾害。

8.2.7　瓦斯地层爆破作业应符合下列规定：

1　瓦斯地层段隧道爆破前，所有人员不得在爆破隧道内躲避。低瓦斯地层爆破前，爆破隧道内人员宜撤至非爆破隧道内或洞外；高瓦斯地层、煤（岩）与瓦斯突出地层爆破前，所有人员应撤至洞外；不能全部撤至隧道以外的，应在距离爆破工作面 500m 以外建临时避难洞室或设置可移动式救生舱躲避。

2　爆破前，爆破母线拉至规定起爆地点后，应检查电爆网络全电阻值。严禁采用起爆器打火放电方法检测电爆网路。

3　在有煤尘爆炸危险的煤层中，爆破前后，爆破地点附近 20m 应洒水降尘。

4　爆破后人员进场条件、瓦斯浓度限值应符合本规范第 7.3.9 条规定。

条文说明

本条的“爆破隧道”是指爆破所在的隧道。双洞公路隧道中，如果在左线隧道爆破，此处的“爆破隧道”仅限于左线隧道，不包括右线隧道。

临时避难洞室是指设置在爆破工作面附件或避难路线上，具有紧急避险功能的地下专用洞室，主要服务于爆破工作面及其附近区域。可移动式救生舱是指可通过牵引、吊装等方式实现移动，适应隧道爆破作业地点变化要求的避险设施。临时避难洞室和可移动式救生舱应具备安全防护、氧气供给保障、有害气体去除、环境监测、通信、照明、人员生存保障等基本功能，在无任何外界支持的情况下额定防护时间不低于 96h。

规定在爆破前对爆破地点附近 20m 范围内进行洒水降尘，一是为了降低空气中煤尘浓度，二是增加煤尘含水量，惰化煤尘活性，提高煤尘的引爆温度。

8.2.8　盲炮处理应符合现行《爆破安全规程》（GB 6722）的相关规定。

9 电气设备与作业机械

9.1 一般规定

9.1.1 瓦斯工区电气设备、作业机械配置应符合下列规定：

1 高瓦斯工区、煤（岩）与瓦斯突出工区的电气设备和作业机械应使用矿用防爆型。

2 低瓦斯工区的电气设备应使用矿用一般型，作业机械可按非瓦斯工区配置。

3 微瓦斯工区的电气设备和作业机械可按非瓦斯工区配置。

条文说明

电气设备通常包括高低压电机、馈电开关、照明灯具、电铃、电缆接线盒、按钮、通信、自动化装置和仪表仪器等。本条主要参照《煤矿安全规程》（2016年版）的第四百四十三条规定而制定，由于本规范中关于瓦斯类别的确定标准和煤矿瓦斯类比有较大差异，因此降低了低瓦斯隧道电气设备的防爆等级。

9.1.2 低瓦斯工区、高瓦斯工区、煤（岩）与瓦斯突出工区电缆、电缆连接及敷设等应采取防爆措施；微瓦斯工区的电缆、电缆连接及敷设等可不采取防爆措施。

条文说明

考虑到低瓦斯隧道在施工过程中瓦斯类别存在调整的可能，为提高安全和便于今后瓦斯工区类别变化时换装，因此对固定安装的电缆要求采取防爆措施。

9.1.3 瓦斯工区内的瓦斯地层施工完成前，电气设备应按最高瓦斯工区类别配置；当全部瓦斯地层施工完成后，后续的电气设备和作业机械可按检测评定结果配置。

条文说明

国内大多数隧道洞身煤系地层分布段落较少，个别隧道煤系地层只分布在洞口段，对这些隧道，只要一个工区已施工完本工区的所有瓦斯地层后，经对洞内瓦斯检测评定、确认不存在瓦斯时，后续段落的电气设备和作业机械可降低配置要求，但需按瓦斯隧道的要求进行瓦斯监测、通风。

9.1.4 瓦斯工区内使用的防爆电气设备和作业机械，除应进行日常检查外，尚应定期检查维护。

9.1.5 瓦斯工区内不得带电检修电气设备，高瓦斯工区、煤（岩）与瓦斯突出工区内不得进行作业机械拆卸和修理。

条文说明

作业机械和电气设备在洞内拆卸和修理时，往往失去了防爆功能，且有可能产生火源，因此，为降低高瓦斯工区、煤（岩）与瓦斯突出工区的施工风险，规定洞内不得进行机械、设备拆卸和修理。

9.2 电气设备

9.2.1 瓦斯工区内各级配电电压和各种机电设备额定电压等级应符合下列规定：

1 高压不大于10 000V，低压不大于1 140V。

2 照明、信号、电话和手持式电气设备的供电额定电压，低瓦斯工区不大于220V，高瓦斯工区、煤（岩）与瓦斯突出工区不大于127V。

3 远距离控制线路的额定电压和手灯等移动式照明灯具电压不大于36V。

条文说明

本条引自《煤矿安全规程》（2016年版）的第四百四十五条。

9.2.2 瓦斯工区供电应符合下列规定：

1 高瓦斯工区和煤（岩）与瓦斯突出工区供电应配置两路独立电源，且任一路电源线上均不得分接隧道以外的任何负荷。不能配置两路独立电源而采用单回路供电时，应配备满足一级负荷供电的备用电源，并在公用电网断电10min内启动。隧道洞内电源线路上不得装设负荷定量器等各种限电断电装置。

2 由隧道洞外中性点直接接地的变压器或发电机不得直接向瓦斯工区内供电。瓦斯工区内的配电变压器中性点不得直接接地。

3 瓦斯工区内不得使用油浸式高低压电气设备，如油断路器、带油的启动器和一次线圈为低压的油浸变压器。

4 电气设备均不应超过额定值运行，隧道内高压电网单相接地电容的电流不应超过10A。

5 瓦斯工区内供电的高、低压馈电线上不得装设自动重合闸装置。

6 瓦斯工区应风电闭锁。

7 容易碰到的、裸露的电气设备及机械外露的转动和传动部分，应加装护罩或遮栏等防护设施。

8　隧道洞外地面变电所高压馈电线上，应装设有选择性的单相接地保护装置；供隧道洞内移动变电站的高压馈电线不得单相接地运行，应装设有选择性的动作于跳闸的单相接地保护装置。当发生单向接地时，应立即切断电源。

9　隧道洞内低压馈电线上，应装设能自动切断漏电线路的检漏保护装置或有选择性漏电保护装置。

条文说明

1　主要参考《煤矿安全规程》(2016 年版) 的第四百三十六条。

2　引自《煤矿安全规程》(2016 年版) 的第四百四十条。

3　引自《煤矿安全规程》(2016 年版) 的第四百五十条。

4　主要参考《煤矿安全规程》(2016 年版) 的第四百三十七条和四百五十三条。

5　引自《煤矿安全规程》(2016 年版) 的第四百五十四条。

6　主要参考《煤矿安全规程》(2016 年版) 的第一百六十四条编写。

7 ~9　主要参考《煤矿安全规程》(2016 年版) 第四百五十三条。

9.2.3　照明供电应符合下列规定：

1　分路动力开关与照明开关应分别设置，照明线路接线应接在动力开关的上侧。

2　配电应设具有短路、过载和漏电保护的照明信号综合保护装置，并应用分支专用电缆和防爆接线盒接入照明灯具。

9.2.4　固定照明灯具的选用，应符合下列规定：

1　采用压入式通风时，已衬砌地段的固定照明灯具，采用 Exd Ⅱ型防爆照明灯；开挖工作面附近、未衬砌地段的移动照明灯具，采用 Exd Ⅰ型矿用防爆照明灯。

2　采用巷道式通风时，进风巷道已衬砌地段采用 Exd Ⅱ型防爆照明灯；开挖工作面附近、未衬砌地段及回风巷道内的照明灯具，采用 Exd Ⅰ型矿用防爆照明灯。

9.2.5　移动照明灯具的选用，应符合下列规定：

1　移动照明应使用矿灯，并配置专用矿灯充电装置。

2　洞内开挖支护、仰拱施作、防水板铺设及二次衬砌浇筑等工序作业照明亮度要求较高处，可配置移动隔爆型投光灯。

9.2.6　电缆的选用应符合下列规定：

1　应采用铜芯电缆。

2　应带供保护接地用的足够截面的导体。

3　主线芯的截面应满足供电线路负荷要求。

9.2.7 高压电缆的选用应符合下列规定：

1 在隧道、平导或倾角为45°以下的斜井内敷设的固定高压电缆，应采用煤矿用钢带或细钢丝铠装电力电缆；在竖井或倾角为45°及45°以上斜井内敷设的固定高压电缆，应采用煤矿用粗钢丝铠装电力电缆。

2 非固定敷设的高压电缆，应采用煤矿用橡套软电缆。

9.2.8 低压电缆的选用应符合下列规定：

1 固定敷设的低压电缆，应采用煤矿用铠装、非铠装电力电缆或对应电压等级的煤矿用橡套软电缆。

2 非固定敷设的低压电缆，应采用煤矿用橡套软电缆。

3 移动式和手持式电气设备应使用专用橡套电缆。

条文说明

9.2.6～9.2.8 引自《煤矿安全规程》（2016年版）第四百六十三条。

9.2.9 电缆的固定敷设应符合下列规定：

1 电缆应悬挂。电缆悬挂点间的距离，在竖井内不得大于6m，在正洞、平行导坑或斜井内不得大于3m。

2 电缆不应与风、水管敷设在同一侧，当受条件限制需敷设在同一侧时，应敷设在管子的上方，其间距应大于0.3m。

3 通信和信号电缆应与电力电缆分挂在隧道两侧。条件受限时，竖井内应敷设在距电力电缆0.3m以外的地方，主洞或平行导坑内应敷设在电力电缆上方0.1m以上的地方。

4 电力电缆敷设在同一侧时，其间距应大于0.2m。

5 有瓦斯抽、排管路时，瓦斯抽、排管路与电缆应分挂在隧道两侧。

条文说明

主要参照《煤矿安全规程》（2016年版）第四百六十四条和四百六十五条。

9.2.10 电缆的连接应满足下列要求：

1 电缆与电气设备连接时，电缆芯线应使用齿形压线板（卡爪）、线鼻子或快速连接器与电气设备连接。

2 不同型电缆之间严禁直接连接，应通过符合要求的接线盒、连接器或母线盒进行连接。

3 同型橡套电缆的修补连接应采用阻燃材料进行硫化热补或与热补有同等效能的冷补，并应进行浸水耐压试验，合格后方可使用。

条文说明

主要引自《煤矿安全规程》(2016年版)第四百六十八条。

9.2.11 隧道内电压在36V以上和可能带有危险电压的电气设备的金属外壳、构架,铠装电缆的钢带(丝)、屏蔽护套等应保护接地。保护接地应符合下列规定:

1 隧道内电气设备保护接地装置和局部接地装置,应与主接地极连接成1个独立的接地网。

2 接地网上任一保护接地点的接地电阻值不得超过2Ω。每一移动式和手持式电气设备与接地网间的保护接地,所用的电缆芯线和接地连接导线的电阻值不得超过1Ω。

3 专用保护接地线不得断线,且不得安装任何开关或熔断器。

条文说明

主要参考《煤矿安全规程》(2016年版)第四百五十三条、第四百七十五~四百七十九条。

9.2.12 避雷接地措施应满足下列要求:

1 由地面架空线路引入隧道内的供电线路(动力电缆、照明电缆、瓦斯监控信号电缆、通信电缆等),应在隧道洞口处装设避雷装置。

2 由地面直接进入隧道内的轨道和露天架空引入(出)的风、水等管路,应在隧道洞口附近将金属体进行不少于2处的良好集中接地。

条文说明

主要参考《煤矿安全规程》(2016年版)第四百五十五条。

9.2.13 瓦斯工区电气设备使用应符合下列规定:

1 当不得不使用非防爆型光电测距仪及其他有电源的设备时,在设备20m范围内瓦斯浓度应小于1.0%。

2 应检查专用供电线路、专用变压器、专用开关、瓦斯浓度超限与供电的闭锁、风机与供电的闭锁等设备。

3 供电线路应无明接头、接头连接不紧密或散接头等失爆情况,应有齐全的漏电保护装置、接地装置、防护装置等,且电缆悬挂整齐。

4 瓦斯工区内使用的电气设备,除应进行日常检查外,尚应按规定的周期进行检查,其检查周期应符合表9.2.13的规定。

表 9.2.13　电气设备和电缆检查周期规定

序号	检查、调整项目	检 查 周 期	备　　注
1	使用中的防爆电气设备防爆性能检查	每月 1 次	每日由电工检查一次外部
2	配电系统继电保护装置检查、整定	每半年 1 次	负荷变化应及时调整
3	高压电缆的泄漏和耐压试验	每年 1 次	
4	主要电气设备绝缘电阻的检查	至少每半年 1 次	
5	固定敷设电缆的绝缘和外部检查	每季 1 次	
6	移动式电气设备橡套电缆绝缘检查	每月 1 次	每班由当班人或电工检查一次外皮有无破损
7	接地电网接地电阻值测定	每季 1 次	
8	新安装的电气设备绝缘电阻和接地电阻值测定		投入运行以前

条文说明

表 9.2.13 引自《煤矿安全规程》(2016 年版) 第四百八十三条的表 17。

9.3　作业机械

9.3.1　瓦斯工区内作业机械严禁使用汽油机车。

9.3.2　作业机械使用非防爆型时，应设置便携式甲烷报警仪；当瓦斯浓度超过 0.5% 时，应停止作业机械运行。

9.3.3　高瓦斯工区和煤（岩）与瓦斯突出工区的挖掘机、装载机、运输车、混凝土罐车、混凝土泵车等作业机械应采取防爆措施。高瓦斯工区的作业机械可安装车载瓦斯自动监控报警与断电系统的防爆装置；煤（岩）与瓦斯突出工区的燃油作业机械应使用矿用防爆型柴油动力装置。

条文说明

车载瓦斯自动监控报警与断电系统的防爆装置，是在作业机械上加装防爆或煤安认证的监控设备，提示车辆驾驶人员及时停止作业和控制车辆的所有供电线路，从而达到防爆目的。

9.3.4　瓦斯工区施工作业机械应避免摩擦发热，导致部件产生高温及火花。

10 揭煤防突

10.1 一般规定

10.1.1 有煤（岩）与瓦斯突出危险的隧道，应编制揭煤防突专项设计。

条文说明

设计阶段编制指导性的揭煤防突专项设计方案，施工阶段编制实施性揭煤防突专项施工组织设计及安全防护措施。主要内容包括“四位一体”的揭煤防突措施，揭煤作业施工方法、支护措施、组织指挥、抢险救灾应急预案及远距离爆破安全防护措施等。

10.1.2 从隧道开挖工作面距煤层顶（底）板最小法向距离10m开始，至开挖工作面穿过煤层底（顶）板最小法向距离5m止，整个过程为揭煤作业。

条文说明

本条参考《煤矿安全规程》(2016年版)：石门揭穿煤层的全过程含义为石门自底(顶)板岩柱穿入煤层进入顶（底）板的全部作业过程，具体分为两个阶段：第一阶段是石门距煤层法向距离10m时就开始探明煤层的位置，第二阶段是从震动爆破或远距离爆破揭煤开始，直到突出煤层全部被掘完时为止。本规范借鉴《煤矿安全规程》(2016年版）来定义隧道揭煤作业，隧道揭煤开始和截止的安全法向距离取值考虑了公路隧道断面远大于煤矿石门断面、应力分布及扰动圈更大的实际情况，调研的多个高瓦斯突出隧道揭煤作业过程表明，揭煤作业开始的法向距离10m是安全合理的，揭煤作业截止的法向距离2m在某些条件下是不安全的，如反向揭缓倾斜煤层，当煤层距隧道掌子面顶部轮廓线中线法向距离2m时，煤层距掌子面的安全岩柱不足5m，顶部煤层瓦斯极易通过爆破引起的裂隙突涌至掌子面引起炮后瓦斯超限，也极易在爆破震动下发生煤与瓦斯倾出（冒落、坍塌)，因而本规范定义揭煤作业截止的5m法向距离符合最小岩柱规定，且是安全的。

10.1.3 揭穿具有煤（岩）与瓦斯突出危险的地层时，应严格按突出危险性预测、防突措施、措施效果检验、安全防护措施的程序组织实施，工作流程可参照图10.1.3进行。

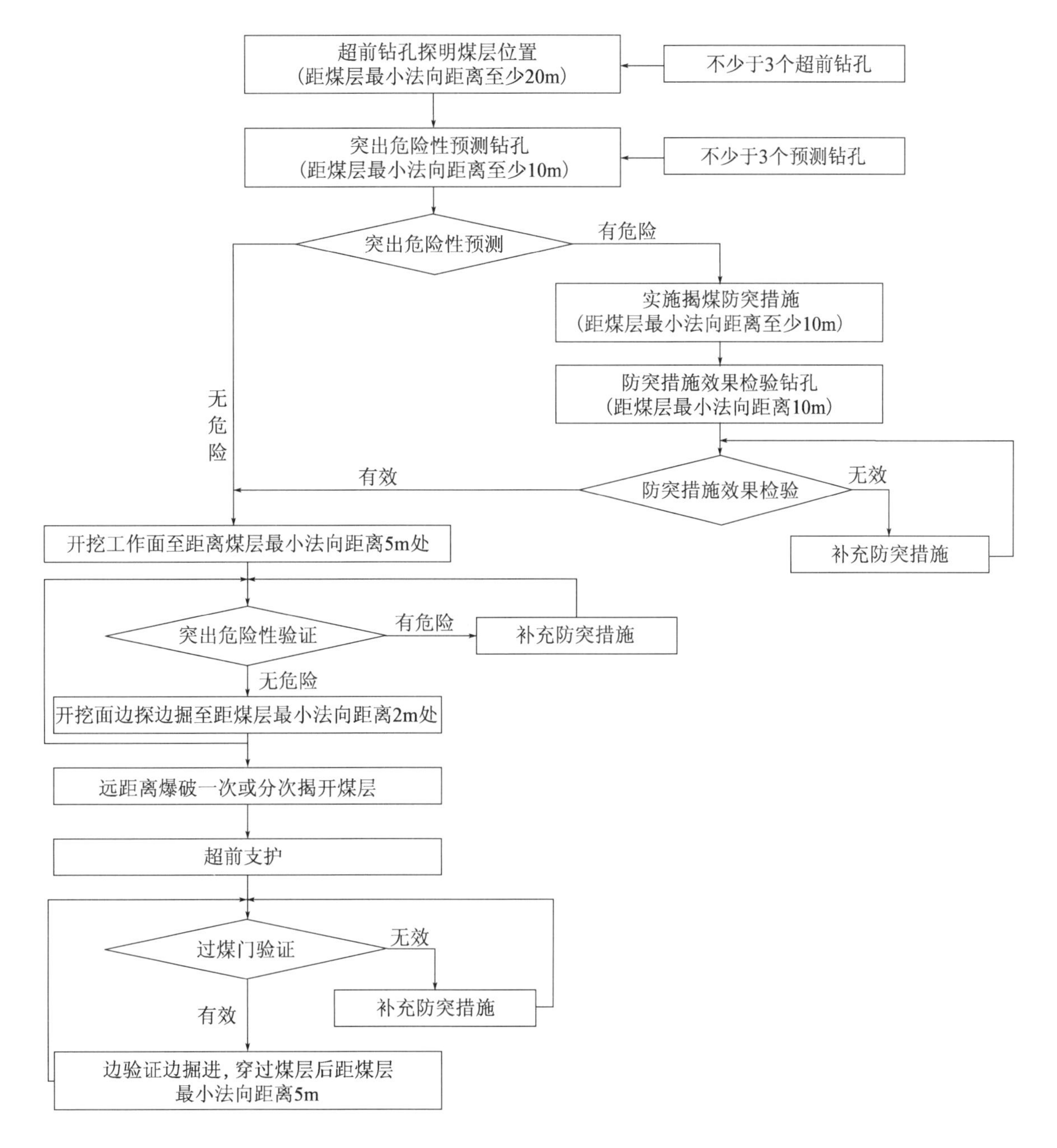

图 10.1.3　揭煤防突工作流程图

条文说明

根据《煤矿安全规程》(2016 年版) 第一百九十七条规定，厚度大于 0.3m 的煤层才做突出危险性预测，对于厚度小于 0.3m 的煤层未做具体要求，因此，把煤层厚度 0.3m 作为一个分界指标制定揭煤防突工作流程。超前钻孔为沿开挖前进方向施作的超前地质钻孔，以探明前方地质条件及含煤情况。预测钻孔为在开挖工作面向前方探明煤层施作的地质钻孔，以准备探明煤层产状及测定瓦斯相关参数。

10.1.4 煤（岩）与瓦斯突出地层在进行超前探测、突出危险性预测、防突措施及防突措施效果检验过程中，应停止与防突工作无关的作业。

10.1.5 穿越煤（岩）与瓦斯突出煤层时，应全程检测瓦斯，观察并掌握突出预兆。当发现有煤（岩）与瓦斯突出预兆时，应立即停工、撤人和断电。

条文说明

穿越煤（岩）与瓦斯突出煤层可由具有相应技术能力、救护经验和资质资格的第三方单位协助进行。停工、撤人和断电指令可由瓦斯检查员发出。煤（岩）与瓦斯突出预兆通常为：

（1）瓦斯浓度忽大忽小，工作面温度降低，闷人，有异味等。

（2）开挖工作面地层压力增大，鼓壁，深部岩层或煤层的破裂声明显、响煤炮、掉碴、支护严重变形。

（3）煤层结构变化明显，层理紊乱，由硬变软，厚度与倾角发生变化，煤由湿变干，光泽暗淡，煤层顶底板出现断裂、波状起伏等。

（4）钻孔时有顶钻、卡钻、喷孔等动力现象。

（5）工作面发出瓦斯强涌出的嘶嘶声，同时带有粉尘。

（6）工作面有移动感。

10.1.6 在具有煤（岩）与瓦斯突出危险的工区施工时，任意两个相向开挖掌子面距离不应小于100m，同向（平行、相邻）开挖掌子面距离不应小于50m。

条文说明

公路隧道左右洞横向间距一般较小，且存在对向施工的情况，为避免相互影响，防止塌方及诱导煤（岩）与瓦斯突出，在瓦斯突出工区掘进时应控制施工安全距离。

10.2 超前探测

10.2.1 在有煤（岩）与瓦斯突出危险的地层中施工时，应加强地质分析及预测预报工作。

10.2.2 接近突出煤层前应实施超前探孔，超前探孔应符合下列规定：

1 接近煤层前，在开挖工作面距煤层最小法向距离大于或等于20m时进行超前探孔，探孔数量不应少于3个，且至少有1个钻孔需要取芯。

2 超前探孔应穿透煤层（或煤组）全厚且进入顶（底）板不小于0.5m，钻孔直径不宜小于76mm。当超前探孔兼作预测钻孔时应测定煤层瓦斯压力或含量等参数。

3 应观察并记录探孔过程中的瓦斯动力现象、孔口排出的浆液、煤屑变化情况。

4 应记录岩芯资料，按各孔见煤、出煤点确切位置，计算煤层的厚度、倾角、走向及与隧道的相对位置关系，并分析煤层顶底板岩性及地质构造。

条文说明

根据《煤矿安全规程》（2016 年版）第二百一十四条："在工作面距煤层法向距离10m（地质构造复杂、岩石破碎的区域20m）之外，至少施工2个前探钻孔，掌握煤层赋存条件、地质构造、瓦斯情况等"。公路隧道开挖断面远大于煤矿巷道，煤系地层段开挖稳定性差，误揭煤层容易发生煤（岩）与瓦斯突出，为了掌握煤层赋存条件，建议超前探孔不少于3个。

在隧道开挖工作面至距推测煤层法向距离不小于10m时，至少需要打3个超前钻孔，钻孔直径不小于76mm，穿透煤层全厚，并且进入底板岩层不小于0.5m，其终孔位置应控制在开挖轮廓外5m，并取岩（煤）芯，分析煤层顶底板岩性。3个超前钻孔（1个仰孔和2个水平边孔），仰孔起到控制煤层倾角的作用，2个水平边孔起到控制煤层走向的作用。打钻过程中应注意观察孔内排出的浆液、煤屑、瓦斯动力现象等，并做好详细记录。超前探孔布置设计示意图如图10-1所示。

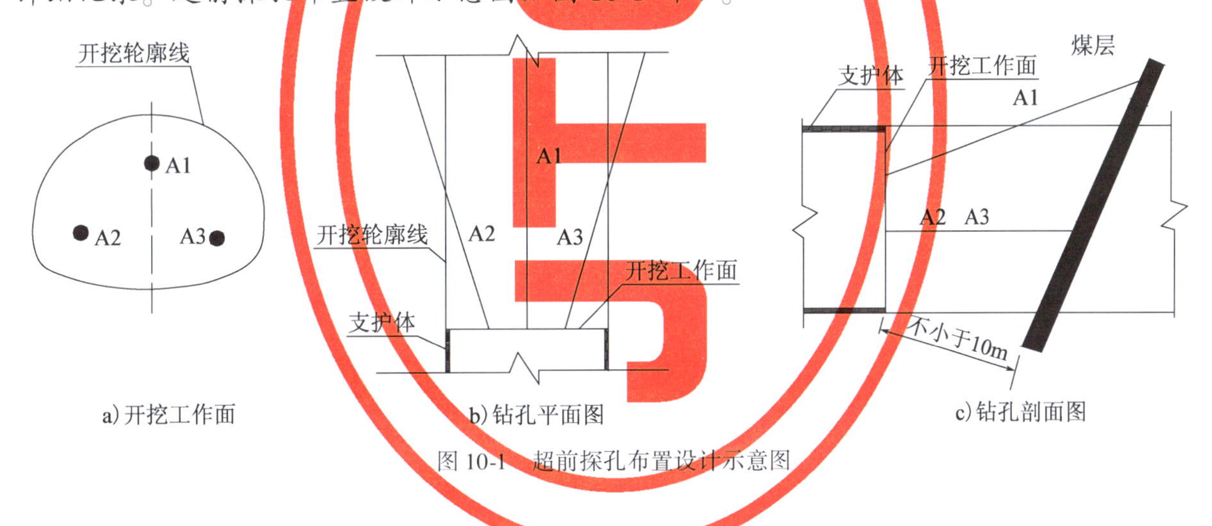

图10-1 超前探孔布置设计示意图

10.3 突出危险性预测

10.3.1 突出危险性预测工作应在开挖工作面距煤层最小法向距离10m前实施，地质构造复杂、围岩破碎的区域应适当增加最小法向距离，预测取芯钻孔不应少于3个。

10.3.2 开挖工作面煤（岩）与瓦斯突出危险性预测应采用瓦斯压力法（测试方法见本规范附录A）或瓦斯含量法（测试方法见本规范附录J）作为主要预测方法，并至少选取钻屑指标法（测试方法见本规范附录E）或钻孔瓦斯涌出初速度法（测试方法见本规范附录K）进行验证。

10.3.3 开挖工作面突出危险性预测方法中有任何一项指标超过临界指标，该工作面即为突出危险工作面。预测临界指标值应根据当地煤矿的实测指标临界值确定，无当地煤矿的实测指标临界值时，可参照表10.3.3中所列突出危险性预测指标临界值。

表10.3.3 突出危险性预测指标临界值

<table>
<tr><td rowspan="3">预测指标</td><td rowspan="3">瓦斯压力（MPa）</td><td rowspan="3">吨煤瓦斯含量（m^3/t）</td><td colspan="4">钻屑瓦斯解吸指标</td><td rowspan="3">钻孔瓦斯涌出初速度（L/min）</td></tr>
<tr><td colspan="2">Δh_2（Pa）</td><td colspan="2">K_1［$mL/(g \cdot min^{1/2})$］</td></tr>
<tr><td>干煤样</td><td>湿煤样</td><td>干煤样</td><td>湿煤样</td></tr>
<tr><td>临界值</td><td>0.74</td><td>8</td><td>200</td><td>160</td><td>0.5</td><td>0.4</td><td>5</td></tr>
</table>

条文说明

根据《煤矿安全规程》（2016年版）第一百九十七条："有突出危险煤层的新建矿井或者突出矿井，开拓新水平的井巷第一次揭穿（开）厚度为0.3m及以上煤层时，必须超前探测煤层厚度及地质构造、测定煤层瓦斯压力及煤层瓦斯含量等与突出危险性相关的参数"。钻屑瓦斯解吸指标中的Δh_2和K_1两个指标任选其一即可。

10.3.4 钻孔过程中出现明显顶钻、卡钻、喷孔等动力现象及其他突出预兆时，应视该开挖工作面为突出危险工作面。

10.4 防治煤（岩）与瓦斯突出措施

10.4.1 防治煤（岩）与瓦斯突出措施应在距突出煤层最小法向距离10m前的位置进行，地质构造复杂、围岩破碎的区域应适当增加最小法向距离。

10.4.2 防治煤（岩）与瓦斯突出可采用钻孔抽放瓦斯、钻孔排放瓦斯、超前管棚、注浆加固、水力冲孔或其他经试验证明有效的措施。

10.4.3 防治煤（岩）与瓦斯突出措施宜优先采用钻孔排放瓦斯，也可采用钻孔抽放瓦斯。当采用钻孔抽放瓦斯时，应编制瓦斯抽放专项设计。

条文说明

根据矿井抽放和排放效果分析，目前矿井多采用瓦斯抽放，但由于钻孔瓦斯排放技术操作简单、设备要求不高，且煤（岩）与瓦斯突出隧道相对较少，建议防治煤（岩）与瓦斯突出措施优先采用钻孔排放瓦斯。

10.4.4 钻孔抽（排）放瓦斯应符合下列规定：

1 煤（岩）与瓦斯突出地层的钻孔抽（排）放瓦斯专项方案内容主要应包括煤层赋存状况、煤层参数、预测时的各项指标、抽（排）放范围、钻孔抽（排）放半径、抽（排）放时间、抽（排）放孔个数、钻孔长度和角度、抽（排）放孔施工及抽（排）放期间的安全措施等。

2 抽（排）放时间、抽（排）放半径应根据煤层参数、预测指标等综合分析确定；抽（排）放孔的角度、长度，抽（排）放孔个数应根据煤层赋存状况、抽（排）放范围和抽（排）放半径计算确定。

3 抽（排）放钻孔控制隧道轮廓线左、右边墙外应不小于12m，底部应不小于12m（急倾斜煤层应不小于6m），拱顶应不小于12m，且拱顶控制范围的外边缘到隧道轮廓线的最小法向距离应不小于5m。具体抽（排）放范围及抽（排）放孔角度可参照表10.4.4取值。

表10.4.4 抽（排）放钻孔参数值

距开挖轮廓的抽（排）放最小范围（m）				抽（排）放半径（m）	抽（排）放孔角度（°）		
左	右	上	下		水平角	仰角	俯角
≥12	≥12	≥12	≥6	1～2	0～90	0～45	0～20

4 抽（排）放孔直径宜为75～120mm，各孔应穿透煤层，并进入顶（底）板岩层不小于0.5m。当煤层倾角小、煤层厚，不能一次打穿煤层全厚时，可采用分段分部多次抽（排）放，但首次抽（排）放钻孔宜进入煤层深度5～10m。

5 抽（排）放孔间距应根据煤层有效抽（排）放半径确定。

6 抽（排）放孔施工前应加强抽（排）放工作面及已开挖段的支护。

7 钻孔过程中应检查验收钻孔角度和长度等情况。

8 抽（排）放孔施工过程中应注意观察各种异常情况及动力现象，当钻孔施工中出现动力现象时，应停止该孔施工，待采取安全措施后方可恢复施工。

9 采用抽放措施时，每钻完一个孔应及时封孔抽放。

10 采用排放措施时，每钻完一个孔应检测该孔瓦斯涌出量，以后每天进行两次，计算衰减系数。

11 揭穿突出煤层宜采用上下台阶法开挖，利用上台阶排放下台阶的部分瓦斯，其台阶长度应根据通风需要和隧道围岩稳定性、支护结构安全性综合确定，下台阶排放应采用下列措施：

1）在上部台阶底打俯角孔排放；

2）每排排放钻孔连线应与煤层走向平行。

条文说明

根据《防治煤与瓦斯突出细则》（2019年）第六十四条：“（三）穿层钻孔预抽井巷揭煤区域煤层瓦斯区域防突措施的钻孔应当在揭煤工作面距煤层最小法向距离7m以

前实施，并用穿层钻孔至少控制以下范围的煤层：石门和立井、斜井揭煤处巷道轮廓线外 12m（急倾斜煤层底部或者下帮 6m），同时还应当保证控制范围的外边缘到巷道轮廓线（包括预计前方揭煤段巷道的轮廓线）的最小距离不小于 5m。当区域防突措施难以一次施工完成时，可分段实施，但每一段都应当能保证揭煤工作面到巷道前方至少 20m 之间的煤层内，区域防突措施控制范围符合上述要求”。抽（排）放钻孔控制范围如图 10-2 所示。

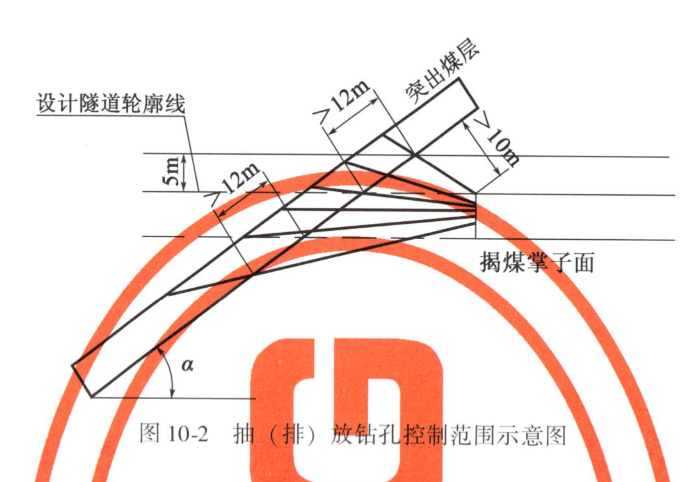

图 10-2 抽（排）放钻孔控制范围示意图

10.4.5 揭煤工作面超前支护应在隧道拱顶和两侧一定范围内布置，并进行注浆加固。

10.4.6 煤（岩）与瓦斯突出工区钻孔排放瓦斯过程中，应加强工作面风流及回风道风流中瓦斯浓度检测，瓦斯浓度控制及处治措施按本规范第 7.3.9 条执行。

10.5 防突措施效果检验

10.5.1 防突措施实施后，应在同一位置检验防突措施是否有效。当掘进至距煤层最小法向距离 5m、2m 的位置时应分别再次对煤层突出危险性进行验证。

10.5.2 防突措施效果检验孔数不应少于 4 个，检验孔的深度不应大于防突措施钻孔。检验钻孔应布置在防突措施钻孔密度相对较小、孔间距相对较大的位置。

10.5.3 防突措施效果检验的方法应参照本规范第 10.3 节的规定进行，防突措施效果检验指标均应小于本规范表 10.3.3 中的指标临界值，且未发现其他异常情况，则判定为措施有效；当判定为措施无效时，必须采取补充防突措施。

10.6 揭煤与开挖

10.6.1 隧道开挖工作面揭开具有突出危险性的煤层时，应在隧道外起爆，所有人员撤出洞外。严禁使用震动爆破揭穿突出煤层。

10.6.2 揭开不同倾角、厚度的煤层应符合下列规定：

1 急倾斜和倾斜的薄煤层，应一次全断面揭穿煤层全厚。

2 急倾斜和倾斜的中厚、厚煤层，一次全断面揭入煤层深度宜为1～1.3m。

3 缓倾斜煤层，应一次揭开最小保护厚度的岩柱。当倾角小于12°，岩柱水平长度大时，可刷斜面揭开煤层。

条文说明

倾角在8°以下的煤层为近水平煤层，倾角为8°～25°的煤层为缓倾斜煤层，倾角为25°～45°的煤层为倾斜煤层，倾角在45°以上的煤层为急倾斜煤层。

10.6.3 在半岩半煤和全煤层中掘进时，揭穿煤后必须对揭煤断面周边法向距离5m范围的煤层进行突出危险性验证，验证超标则必须采取局部防突措施。

10.6.4 揭煤施工过程中只要钻孔存在喷孔、顶钻或其他动力现象，均应停止施工，采取防突措施并经检验有效后方可继续进入下一循环开挖作业。

10.6.5 爆破钻孔前，可采用喷射混凝土临时封闭开挖工作面。

10.7 安全防护

10.7.1 煤（岩）与瓦斯突出地层钻孔排放瓦斯期间，应提高洞内风速和风量，回风系统内应停电、撤人。

10.7.2 穿越煤（岩）与瓦斯突出地层时，开挖工作面应全程检测瓦斯浓度，当有煤（岩）与瓦斯突出预兆时，应停止工作面作业。

10.7.3 揭煤爆破通风30min后，应检测开挖工作面、回风道等位置的瓦斯浓度，确认安全后方可允许施工人员进洞。

10.7.4 揭煤过程中，应保持主风机正常运转、备用主风机及二路电源处于待启动状态。

11 施工安全

11.1 一般规定

11.1.1 瓦斯工区施工应将瓦斯浓度、风速、风量检测和连续通风作为关键环节进行控制。

11.1.2 瓦斯隧道开工前，必须对施工作业及管理人员进行安全技术培训。爆破工、电工、瓦检员等特种作业人员必须持证上岗，高瓦斯工区、煤（岩）与瓦斯突出工区应与专业矿山救护队建立联系。

条文说明

参照《煤矿安全规程》（2016 年版）第九条规定："特种作业人员必须按国家有关规定培训合格，取得资格证书，方可上岗作业"。

与专业矿山救护队建立联系主要为了隧道施工过程中在应急救援、揭煤防突等情况下获得支援，保证隧道施工及救援安全。

11.1.3 瓦斯隧道施工前应制定施工通风、瓦斯检测、施工人员管理等制度，编制应急预案，并进行演练。

条文说明

参照《煤矿安全规程》（2016 年版）第十二条、第十七条，煤矿必须编制年度灾害预防和处理计划，煤矿企业必须建立应急救援组织，健全规章制度，编制应急救援预案的规定，并结合公路瓦斯隧道特点制定，应急预案内容及原则通常参照现行《生产经营单位生产安全事故应急预案编制导则》（GB/T 29639）进行编制。

11.1.4 瓦斯地层防水板铺设后应及时施作二次衬砌，二次衬砌距掌子面的距离不宜超过 70m。

条文说明

由于防水板背后容易形成瓦斯积聚，造成安全隐患，所以提出防水板铺设时机的要求。考虑到二次衬砌的封闭能有效防止地层瓦斯逸出至洞内，同时煤系地层地质条件普遍较差，二次衬砌及时施作也有利于控制隧道变形，所以提出二次衬砌与掌子面的距离要求。

11.2 塌方处理

11.2.1 瓦斯隧道塌方处理应遵循“先治理瓦斯、后处理塌方”的原则。当塌方区域前后 20m 范围内的瓦斯浓度降至 0.5% 以下后，方可进行塌方处理。

条文说明

瓦斯隧道塌方区域容易积聚瓦斯，塌方处理过程中存在瓦斯爆炸风险，为保障安全，应先处理瓦斯，后处理塌方。

11.2.2 塌方段的瓦斯处理应符合下列规定：

1 应有专项瓦斯引排、瓦斯监测措施，确保施工安全。

2 应采取局部通风等措施排除塌腔内积聚的瓦斯。

3 应加强塌方地段瓦斯监测及围岩监控量测。

4 应尽快封闭塌方地段塌方体，并及时施作塌方段衬砌。

条文说明

参照《煤矿安全规程》（2016 年版）第七百一十七条规定，尽快处理塌方、冒顶，减少瓦斯涌出。

11.3 采空区处理

11.3.1 采空区处理应遵循“先探明、后通过”的原则。

11.3.2 接近采空区必须进行超前地质预报，探明采空区水、瓦斯等情况，并进行危险性影响分析。

条文说明

参照《煤矿安全规程》（2016 年版）第九十三条规定。

11.3.3 采空区应开展专项瓦斯、涌水及围岩监测等工作，并采取抽排、封堵等措施处治瓦斯，确保施工安全。

条文说明

需要根据采空区与隧道的空间关系，考虑瓦斯、涌水风险处治措施。

11.4 防治煤层自燃和煤尘爆炸

11.4.1 具有煤层自燃倾向性和煤尘爆炸性的煤层施工，应采取湿式钻眼、水炮泥封孔、热源明火控制等措施。

11.4.2 具有煤层自燃倾向性和煤尘爆炸性的煤层爆破前后、挖掘、装载、运输等产尘环节，应加强通风和洒水等综合防尘、降尘措施。

11.4.3 通过具有煤层自燃倾向性的地层，应将暴露面及时封闭，空洞采用不燃性材料回填密实。

条文说明

参照《煤矿安全规程》(2016 年版) 第二百六十二条规定，并结合公路隧道特点制定，暴露面要及时封闭，空隙和冒落处使用不燃性材料充填密实。

11.4.4 具有煤层自燃倾向性的煤或煤矸石应堆放至指定渣场，不得作为路基填料，其处理措施主要有打孔灌浆、分层碾压堆积、分层覆土等。

条文说明

煤矿行业经常有煤矸石自燃着火的现象发生，公路行业也存在利用具有煤层自燃倾向性的煤或煤矸石作为路基填料，并发生填料自燃、路基塌陷的情况。

11.5 消防安全

11.5.1 瓦斯工区消防设施应满足下列要求：

1 应在洞外设置消防水池，配备消防用砂，其中水池储水量不得小于 $200m^3$。

2 应设置消防管路系统，并每隔 100m 设置一个阀门。

3 应在洞内设置灭火器等灭火设备或设施，并保持良好状态。

条文说明

参照《煤矿安全规程》(2016 年版) 第二百四十九条规定。

11.5.2 瓦斯隧道洞口值班房、通风机房等洞口附近 20m 范围内不得有火源。

条文说明

参照《煤矿安全规程》(2016年版)第二百五十一条规定:“井口房和通风机房附近20m内,不得有烟火或者火炉取暖”。根据隧道特点,要求洞口值班房、通风机房等洞口附近20m范围内不得有火源。

11.5.3 瓦斯工区应避免电焊、气焊、喷灯焊接、切割等动火作业,当不得不进行动火作业时,应符合下列规定:

1 应建立隧道内动火作业审批制度,制定动火作业安全技术措施,并组织作业人员学习。

2 动火作业点附近应配备灭火器、消防砂、消防用水等消防设施,动火作业点20m范围内应跟踪检测瓦斯,瓦斯浓度应不大于0.5%。

3 应有专人在动火作业现场检查和监督,并负责灭火。

4 动火作业结束后,经检查确认无残火方可离开作业区。

11.5.4 瓦斯工区易燃品管理应符合下列规定:

1 瓦斯工区不得存放各种油类,洞内使用的各种油类物资,应由专人押运至使用地点,剩余的油类和废油应及时运出洞外,不得洒在洞内。

2 瓦斯工区内待用和使用过的棉纱、布头和纸张等易燃、可燃物品,应存放在密闭的铁桶内。使用过的易燃、可燃物品应由专人送到洞外进行处理。使用的防水板等可燃品,应按需求确定进洞数量。

11.6 施工人员管理

11.6.1 瓦斯隧道应建立门禁管理系统,宜建立人员定位管理系统和通信联络系统。进洞人员严禁穿化纤衣服,严禁携带烟草及点火物品、手机、钥匙等违禁物品。洞内作业人员应配备防爆型对讲机,并在洞内作业区、洞外调度室、值班室等地方建立通信联络系统。

条文说明

参照《煤矿安全规程》(2016年版)第十三条规定。

11.6.2 进入煤(岩)与瓦斯突出工区的作业人员必须随身携带隔绝式自救器。

11.6.3 瓦斯隧道各道工序、各种作业施工前,必须对作业人员进行安全技术交底和培训。

11.7 应急预案与救援

11.7.1 瓦斯工区应急预案应包括总则、危险性分析、组织机构及职责、预防与预警、应急响应、信息发布、后期处置、保障措施、培训与演练、奖惩等内容，并配置安全防护用品、应急救援物资及消防设施等。

条文说明

本条主要参照《煤矿安全规程》(2016 年版) 第六百七十四条和现行《生产经营单位生产安全事故应急预案编制导则》(GB/T 29639) 的规定。

11.7.2 一旦发生瓦斯事故，必须立即启动瓦斯事故救援预案，尽快探明事故发生具体位置、范围、遇险人数，以及洞内瓦斯与通风情况等。

11.7.3 火灾处理应符合下列规定：

1 瓦斯工区发生火灾时，应立即组织人员撤离，启动事故应急救援预案。

2 电气设备着火时，应首先切断电源。

3 不能直接灭火时，可设置防火墙封闭火区。

4 启封火区时应逐段恢复通风，加强有害气体检测；发现复燃征兆时，应立即停止送风，重新封闭火区。

附录 A　煤层瓦斯压力测定方法

A. 0. 1　煤层瓦斯压力的测定方法按测压方式，即测压时是否向测压孔内注入补偿气体，可分为主动测压法和被动测压法；按测压钻孔封孔的材料不同，可分为胶囊（胶圈）-密封黏液封孔测压法和注浆封孔测压法。

A. 0. 2　打设测压孔应符合下列规定：

1　钻孔施工前应制定详细的技术及安全措施。

2　钻孔直径宜为 65 ~ 95mm，钻孔长度应保证测压所需的封孔深度。

3　钻孔的开孔位置应选在岩石（煤壁）完整的地点。

4　钻孔施工应保证钻孔平直、孔形完整，穿层测压钻孔除特厚煤层外应穿透煤层全厚，对于特厚煤层测压钻孔应进入煤层 1. 5 ~ 3m。

5　在钻孔施工中，应准确记录钻孔方位、倾角、长度、钻孔开始见煤长度及钻孔在煤层中长度、钻孔开钻时间、见煤时间及钻毕时间。

6　钻孔施工完成后，应立即用压风或清水清洗钻孔，清除钻屑，保证钻孔畅通。

A. 0. 3　测压钻孔施工完成后应在 24h 内完成钻孔的封孔工作。应在完成封孔工作 24h 后进行测定工作。

A. 0. 4　采用主动测压法时，只在第一次测定时向测压钻孔注入补偿气体，补偿气体的充气压力宜为预计的煤层瓦斯压力的 1. 5 倍；采用被动测压法时，不进行气体补偿。

A. 0. 5　观测与测定结果的确定应符合下列规定：

1　采用主动测压法时应每天观测一次测定压力表，采用被动测压法应至少 3d 观测一次测定压力表。

2　将观测结果绘制在以时间（d）为横坐标、瓦斯压力（MPa）为纵坐标的坐标图上，当观测时间达到规定时，如压力变化在 3d 内小于 0. 015MPa，测压工作即可结束，否则应延长测压时间。

3　在结束测压工作、撤卸表头时（应制定相应的安全措施），应测量从钻孔中放出的水量，如果钻孔与含水层、溶洞导通，则此测压钻孔作废并按有关规定进行封堵；如果测压钻孔没有与含水层、溶洞导通，则需对钻孔水对测定结果的影响进行修正，修正方法可根据测量从钻孔中放出的水量、钻孔参数、封孔参数等进行确定。

4 测定结果按式(A.0.5)确定:

$$p = p_0 + p' \tag{A.0.5}$$

式中:p——测定的煤层瓦斯压力值(MPa);

p_0——测定地点的大气压力值(MPa),大气压力应采用空盒气压计进行测定,空盒气压计应符合现行《空盒气压计》(QX/T 26)的相关规定;

p'——测压孔内的煤层瓦斯压力(修正)值(MPa)。

5 同一测压地点以最高瓦斯压力测定值作为测定结果。

条文说明

A.0.1～A.0.5 主要参照现行《煤矿井下煤层瓦斯压力的直接测定方法》(AQ 1047)。

附录 B　煤的破坏类型分类

表 B　煤的破坏类型分类

破坏类型	光泽	构造及构造特征	节理性质	节理面性质	断口性质	强度
Ⅰ类（非破坏煤）	亮与半亮	层状构造，块状构造，条带清晰明显	一组或二到三组节理，节理系统发育，有次序	有充填物（方解石），次生面少，节理、劈理面平整	参差阶状，贝状，波浪状	用手难以掰开，坚硬
Ⅱ类（破坏煤）	亮与半亮	（1）尚未失去层状；（2）条带明显，有时扭曲，有错动；（3）不规则块状，多棱角；（4）有挤压特征	次生节理面多，且不规则，与原生节理呈网状节理	节理面有擦纹、滑皮，节理平整，易掰开	参差多角	用手极易剥成小块，中等硬度
Ⅲ类（强烈破坏煤）	半亮与半暗	（1）弯曲成透镜状构造；（2）小片状构造；（3）细小碎块，层理较紊无次序	节理不清，系统不发达，次生节理密度大	有大量擦痕	参差及粒状	用手捻成粉末，硬度低
Ⅳ类（粉碎煤）	暗淡	粒状或小颗粒胶结而成，形似天然煤团	节理失去意义，成黏块状		粒状	可捻成粉末，偶尔较硬
Ⅴ类（全粉煤）	暗淡	（1）土状构造，似土质煤；（2）如断层泥状	—	—	土状	可捻成粉末，疏松

附录C　煤的瓦斯放散初速度测定方法

C.0.1　瓦斯放散初速度指标（Δp）的测定方法有变容变压式和等容变压式。可采用变容变压式测定仪、等容变压式测定仪、试样瓶（容积5mL）、真空泵、甲烷气源（0.1MPa，纯度大于99.9%）、分样筛（孔径0.2 mm、0.25mm各1个）、天平（最大称量100g，最小分度值0.05g）、漏斗、脱脂棉等仪器设备或用具。

C.0.2　煤样应在煤层新暴露面上采取，煤样质量为250g。地面打钻取样时，应取新鲜煤芯250g。煤样应附有标签，注明采样地点、层位、采样时间等。

C.0.3　制样时应将所采煤样进行粉碎，筛分出粒度为0.2～0.25mm的煤样。每一煤样应取2个试样，每个试样质量为3.5g。

C.0.4　测定时可按下列步骤进行：

1　将同一煤样的2个试样用漏斗分别装入Δp测定仪的2个试样瓶中。

2　用真空泵对两个试样脱气1.5h。

3　将甲烷瓶与脱气后的试样瓶连接、充气（充气压力为0.1MPa），使煤样吸附瓦斯1.5h。

4　关闭试样瓶和甲烷瓶阀门，使试样瓶与甲烷瓶隔离。

5　开动真空泵对仪器管道进行脱气，使U形管汞真空计两端液面相平。

6　停止真空泵，关闭仪器固定空间通往真空泵的阀门，打开试样瓶的阀门，使煤样与仪器被抽空的固定空间相连并同时启动秒表计时。10s时关闭阀门，读出U形管汞真空计两端汞柱差p_1（mm）；45s时再打开阀门，60s时关闭阀门，再一次读出汞柱计两端差p_2（mm）。

C.0.5　瓦斯放散初速度指标Δp可按式（C.0.5）计算：

$$\Delta p = p_2 - p_1 \qquad (C.0.5)$$

C.0.6　同一煤样的两个试样测出Δp值之差不应大于1，当$\Delta p>1$时应重新进行测定。

条文说明

C.0.1 ~ C.0.6 主要参照现行《煤的瓦斯放散初速度指标（Δp 测定方法》（AQ 1080）。

附录D 煤的坚固性系数测定方法

D.0.1 煤的坚固性系数（f）测定可采用捣碎筒、计量筒、分样筛（孔径20mm、30mm和0.5mm各1个）、天平（最大称量1 000g，最小分度值0.01g）、小锤、漏斗、容器等仪器设备或用具。

D.0.2 在煤层采样时，应沿新暴露煤层的上、中、下部分别采取块度为10cm左右的煤样各两块，在地面采样时应沿煤层厚度的上、中、下部分别采取块度为10cm的煤芯各两块。煤样采出后应及时用纸包上并浸蜡封固（或用塑料袋包严），避免风化。

D.0.3 煤样应附标签，注明采样地点、层位、时间等；煤样的携带、运送不得摔碰。

D.0.4 制样时应把煤样用小锤碎制成20～30 mm的小块，用孔径为20mm或30mm的筛子筛选；称取制备好的试样以50g为1份，每5份为1组，共称取3组。

D.0.5 测定时可按下列步骤进行：

1 将捣碎筒放置在水泥地板或2cm厚的铁板上，放入一份试样，将2.4kg重锤提到600mm高度，再自由落下冲击试样，每份冲击3次，把5份捣碎后的试样装在同一容器中。

2 把每组（5份）捣碎后的试样一起倒入孔径0.5mm分样筛中筛分，筛至不再漏下煤粉为止。

3 把筛下的粉末用漏斗装入计量筒，轻轻敲击使之密实，然后轻轻插入具有刻度的活塞尺与筒内粉末面接触。在计量筒口相平处读取L（粉末在计量筒内实际测量高度，读至毫米）。

1）当$L \geq 30$ mm时，冲击次数n可定为3次，按以上步骤继续进行其他各组的测定。

2）当$L < 30$mm时，第一组试样作废，每份试样冲击次数n改为5次，按以上步骤进行冲击、筛分和测量，仍以每5份作为一组，测定L。

D.0.6 煤的坚固性系数（f）可按式（D.0.6）计算：

$$f=20\frac{n}{L} \tag{D.0.6}$$

式中：n——每份试样冲击次数；

L——每组试样筛下煤粉的计算高度（mm）。

测定平行样3组（每组5份），取算术平均值，计算结果取一位小数。

D.0.7 当取得的煤样粒度未达到测定f值所要求粒度（20～30mm）时，可采取粒度为1～3mm的煤样按上述要求进行测定，并按式（D.0.7-1）、式（D.0.7-2）换算。

当$f_{1\sim3}>0.25$时，

$$f=1.57f_{1\sim3}-0.14 \tag{D.0.7-1}$$

当$f_{1\sim3}\leqslant0.25$时，

$$f=f_{1\sim3} \tag{D.0.7-2}$$

式中：$f_{1\sim3}$——粒度为1～3mm时煤样的坚固性系数。

条文说明

D.0.1～D.0.7 主要参照现行《煤和岩石物理力学性质测定方法 第12部分：煤的坚固性系数测定方法》（GB/T 23561.12）。

附录E 钻屑指标法

E.0.1 采用钻屑指标法进行工作面煤（岩）与瓦斯突出危险性预测或防突措施效果检验时，钻屑量可采用质量法或容量法测定：

1 质量法：在钻孔钻进到煤层时，每钻1m钻孔，收集全部钻屑，用弹簧秤称量钻屑质量。

2 容量法：在钻孔钻进到煤层时，每钻1m钻孔，收集全部钻屑，用量具测量钻屑体积。

E.0.2 预测或措施效果检验钻孔布置和取样工艺应符合下列规定：

1 在岩石段宜采用湿式打钻，钻孔孔径50～75mm，见煤后退出钻杆，先用压风将孔内泥浆吹净，再用干式打钻直至见到煤层顶板或底板。

2 钻孔数量不得少于3个，1个钻孔位于开挖工作面中部，沿工作面前进方向略偏上布置，另2个钻孔分别位于左上角和右上角，终孔点应位于工作面轮廓线外上部5m、两侧3m以外。

3 各钻孔每隔1m取1个煤样测定钻屑瓦斯解吸指标K_1或Δh_2。当钻孔钻进到预定取样深度前0.2～0.3m时，用1mm和3mm分样筛取样进行筛分，将筛分后的1～3mm粒径煤样装入煤样杯或煤样瓶中。在孔口开始接煤样的同时启动秒表，直至开始启动瓦斯解吸仪测量的时间间隔t_0，t_0应满足瓦斯解吸仪给定的要求，测定K_1指标的要求为$t_0 \leqslant 2\text{min}$，测定$\Delta h_2$指标的要求为$t_0 = 3\text{min}$。

4 在钻孔钻至离预定取样深度小于0.5m到接取煤样结束前不得停止钻进，否则该煤样应作废。打钻过程中，应保持钻进速度稳定，钻进速度保持在1m/min左右，同时保持钻进方位、倾角一致，平稳钻进，以免孔壁煤样混入。

E.0.3 钻屑解吸指标K_1的测定可按下列步骤进行：

1 将筛分好的粒径为1～3mm煤样装入瓦斯解吸仪的煤样杯口齐平位置。

2 将已装煤样的煤样杯置于煤样罐中，盖好煤样罐盖，转动阀门使煤样与大气连通。

3 秒表计时到时间t_0，转动阀门使煤样罐与测量系统接通、与大气隔绝，启动仪器。5min后按仪器提示输入钻孔长度L、时间t_0。仪器屏幕显示即为K_1，单位为mL/（g·$\text{min}^{1/2}$）。

E.0.4 钻屑解吸指标 Δh_2 的测定可按下列步骤进行：

1 将筛分好的粒径为 1 ~3mm 煤样装入瓦斯解吸仪的煤样瓶刻度线齐平位置。

2 将已装煤样的煤样瓶迅速装入瓦斯解吸仪测量室，拧紧测量室上盖，然后打开三通阀，使解吸测量室与大气、水柱计均连通，打开单通旋塞，使仪器室处于暴露状态，同时观察秒表读数。

3 秒表计时到 3min 时转动三通阀，使煤样瓶与测量系统接通，与大气隔绝，秒表计时到 5min 时瓦斯解吸仪的示值即为 Δh_2，单位为 Pa。

E.0.5 钻屑解吸指标 K_1 和 Δh_2 预测煤层突出危险性临界值应符合表 E.0.5 的规定。

表 E.0.5 钻屑解吸指标 K_1 和 Δh_2 临界值

煤　样	指标临界值	
	Δh_2（Pa）	K_1［mL/（g · $min^{1/2}$）］
干煤样	200	0.5
湿煤样	160	0.4

条文说明

E.0.1 ~ E.0.5 钻屑指标法的具体操作步骤和要求参考现行《钻屑瓦斯解吸指标测定方法》（AQ/T 1065）及《防治煤与瓦斯突出细则》（2019 年）中第八十八条和第九十条相关规定。

附录 F　绝对瓦斯涌出量计算方法

F. 0. 1　勘察期绝对瓦斯涌出量为掘进隧道煤壁瓦斯涌出量 Q_1 与掘进隧道落煤的瓦斯涌出量 Q_2 之和。

F. 0. 2　掘进隧道煤壁瓦斯涌出量 Q_1 按式（F. 0. 2-1）计算：

$$Q_1 = D \cdot v \cdot q_0 \left[2 \left(\frac{L}{v} \right)^{1/2} - 1 \right] \tag{F. 0. 2-1}$$

式中：D——隧道断面内暴露煤壁面的周边长度（m），对于薄及中厚煤层，$D = 2m_0$，m_0 为开采层厚度；对于厚煤层，$D = 2h + b$，h、b 分别为隧道的高度和宽度；

v——隧道平均掘进速度（m/min）；

L——未施作喷射混凝土段隧道长度（m）；

q_0——煤壁瓦斯涌出强度［m^3/（$m^2 \cdot$ min）］，若无实测值可参考式（F. 0. 2-2）计算。

$$q_0 = 0.026 \left[0.0004 \left(V_{ad} \right)^2 + 0.16 \right] W_0 \tag{F. 0. 2-2}$$

式中：V_{ad}——煤中挥发分含量（%）；

W_0——煤层原始瓦斯含量（m^3/t），其测定和计算可参见《地勘时期煤层瓦斯含量测定方法》（GB/T 23249）。

F. 0. 3　掘进隧道落煤的瓦斯涌出量 Q_2 按式（F. 0. 3-1）计算：

$$Q_2 = S \cdot v \cdot \rho \cdot \left(W_0 - W_C \right) \tag{F. 0. 3-1}$$

式中：S——掘进隧道断面积（m^2）；

ρ——煤的密度（t/m^3）；

W_C——运出隧道后煤的残存瓦斯含量（m^3/t），如无实测值可按表 F. 0. 3 选取或计算。

表 F. 0. 3　纯煤的残存瓦斯含量取值

挥发分 V_{ad}（%）	6 ~ 8	8 ~ 12	12 ~ 18	18 ~ 26	26 ~ 35	35 ~ 42	42 ~ 56
W_C［m^3/（t · r）］	9 ~ 6	6 ~ 4	4 ~ 3	3 ~ 2	2	2	2

注：1. 煤的残存瓦斯含量也可近似地按煤在 0. 1MPa 压力条件的瓦斯吸附量取值。

2. 瓦斯含量小于 10m^3/（t · r）的高变质煤残存瓦斯含量按式（F. 0. 3-2）计算。

$$W_c = \frac{10.385 e^{-7.207}}{W_0} \tag{F. 0. 3-2}$$

条文说明

F.0.1～F.0.3 鉴于公路隧道的修建特征与煤矿建井过程相似，绝对瓦斯涌出量成为瓦斯隧道分类的重要及主要参数；绝对瓦斯涌出量在勘察、设计期间采用预测法［参照现行《矿井瓦斯涌出量预测方法》（AQ 1018）］。

附录G　绝对瓦斯涌出量实测方法

G.0.1　瓦斯工区内绝对瓦斯涌出量应根据实际通风量与实测稳定回风流中最大瓦斯浓度计算确定。

G.0.2　瓦斯工区内风量及瓦斯浓度测定宜在爆破通风30min后、出渣前进行。

G.0.3　瓦斯工区风速测定仪表可采用机械翼式中速风表（0.5～10m/s）或低速风表（0.3～5m/s），或其他经检验合格的电子叶轮式风表及超声波风速计等。

G.0.4　送风式通风管的送风口距离掌子面应不大于10m。测风断面可选择在距工作面20～30m处的稳定回风流中，测风点及数量可参考图G.0.4-1和图G.0.4-2确定，将隧道断面分为若干格，每格内测风1min。当风速较小、无法采用机械风表准确测定风速时，可采用风管出口风速和风管断面积参数计算压入新鲜风量。

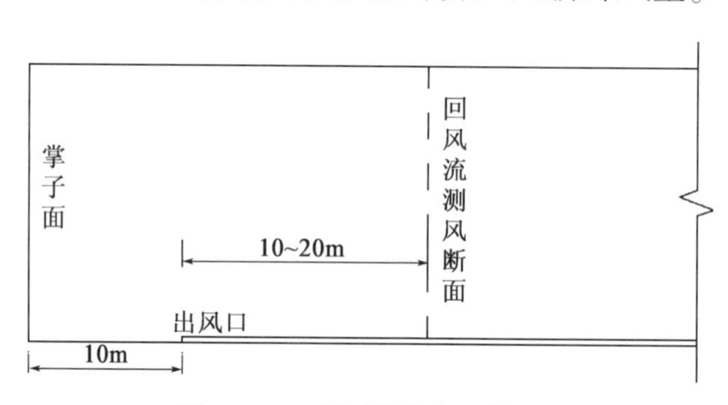

图G.0.4-1　风速测点布置断面图

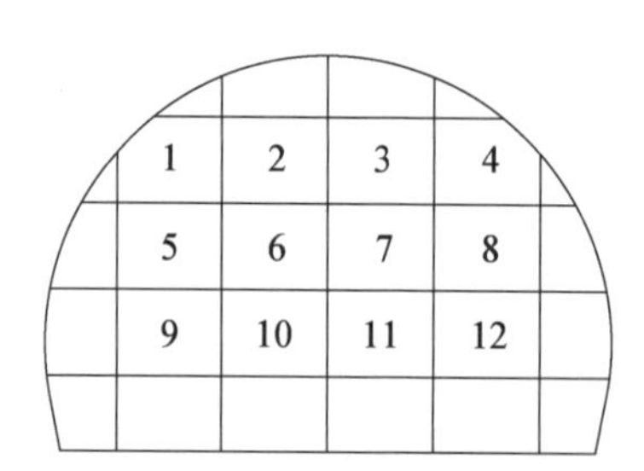

图G.0.4-2　风速测点示意图

G.0.5　测风步骤应符合下列规定：

1　测风断面前后10m内应无分支风流、无拐弯、无障碍、断面无变化。测风员进入开挖工作面待测断面处，应先估测风速范围后选用相应量程的风表。

2 测风方法可选用迎风法或侧身法。采用侧身法时，将风表回零，人背向隧道侧壁，伸直手臂，手持风表，与风流方向垂直，并使风表背面正对风流方向，在断面处每格中的每个点每次测定1min，读取风表读数，并记录在表G.0.9中。

3 测风时，每个测点测风次数应不少于3次，每次测量误差不应超过5%，取3次测风结果的平均值。如果测量误差大于5%，应增加1次测风。

4 测风结束后，应测量测风断面尺寸，计算测风断面面积。

5 应将测风数据和隧道开挖断面尺寸参数记录在测风表中。

G.0.6 测点表速按式（G.0.6-1）计算，并根据表速查风表校正曲线或按式（G.0.6-2）求出隧道测风断面真风速 $v_{真}$。

$$v_{表} = \frac{n}{t} \tag{G.0.6-1}$$

式中：$v_{表}$——测点表速（格/s）；

n——3次测风风表读数的平均值（格/s）；

t——测风时间（s），一般为60s。

$$v_{真} = a + bv_{表} \tag{G.0.6-2}$$

式中：$v_{真}$——真风速（m/s）；

a——表明风表启动初速度的常数；

b——校正常数，决定于风表的构造尺寸。

G.0.7 测风断面实际平均风速，按式（G.0.7）对真风速 $v_{真}$ 进行校正后确定。

$$v_{均} = kv_{真} \tag{G.0.7}$$

式中：$v_{均}$——测试断面实际平均风速（m/s）；

k——修正系数，与测风方法有关，迎风法 $k=1.14$；侧身法 $k=(S-0.4)/S$，其中 S 为测风断面面积（m^2），0.4为测风员阻挡风流面积（m^2）。

G.0.8 测风断面的隧道通风量，按式（G.0.8）计算确定。

$$Q = 60Sv_{均} \tag{G.0.8}$$

式中：Q——通过隧道的风量（m^3/min）；

S——隧道断面积（m^2）。

G.0.9 开挖工作面附近瓦斯浓度的测定应符合下列规定：

1 测量瓦斯应在瓦斯工区风流范围内进行，测量瓦斯断面前后10m内无拐弯、无障碍、断面无变化，测点距拱顶、侧壁、底板各250mm处。

2 开挖工作面附近检测瓦斯断面位置可按图G.0.9-1确定，检测点可按图G.0.9-2确定，但应重点在隧道风流的上部即拱顶部位进行。

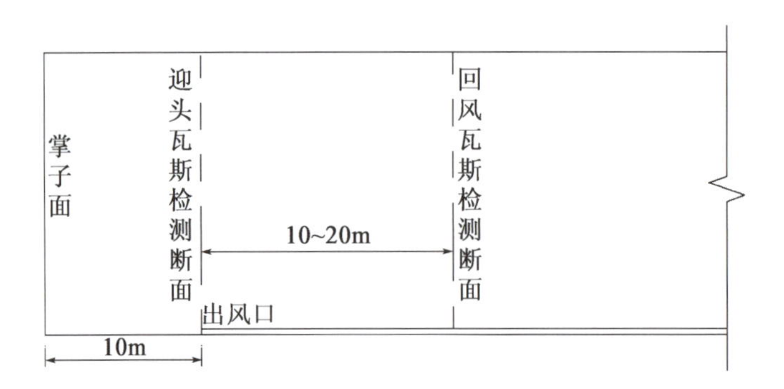

图 G.0.9-1　瓦斯检测断面布置

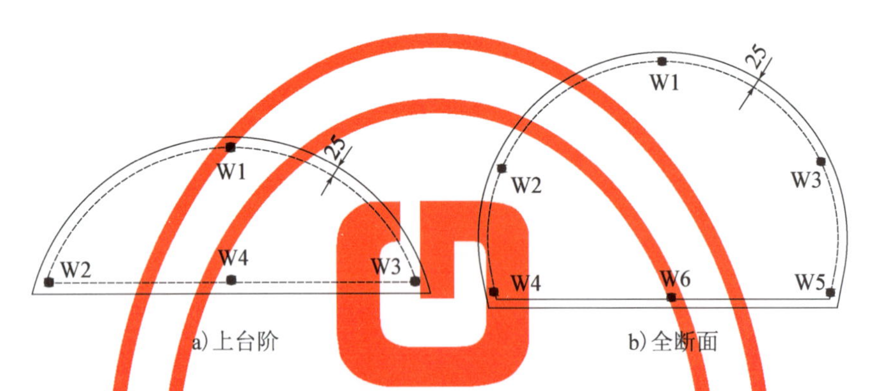

图 G.0.9-2　瓦斯检测断面测点示意图（尺寸单位：cm）

3　每个测点处的瓦斯浓度应连续检测 3 次，取其平均值。

4　测风断面应同时测定瓦斯浓度。

5　将瓦斯检测记录表中最大瓦斯浓度登记在表 G.0.9 中。

表 G.0.9　施工阶段瓦斯工区风速与瓦斯浓度记录表

工程名称：			测试断面桩号：				掌子面桩号：		年　月　日		
序号	实测最大瓦斯浓度（%）	断面尺寸（m）		测点断面面积（m^2）	风表读数（转/min）				实际风速（m/s）	计算风量（m^3/min）	计算绝对瓦斯涌出量（m^3/min）
	CH_4	宽度	高度		一	二	三	表速			
1											
2											
3											
4											
…											
分析及结论：											
测风：			记录：			计算：			审核：		

G.0.10 瓦斯工区绝对瓦斯涌出量可根据式（G.0.10）计算：

$$Q_{CH_4} = Q\omega_{max} \tag{G.0.10}$$

式中：Q_{CH_4}——瓦斯工区内绝对瓦斯涌出量（m^3/min）；

Q——隧道断面通风量（m^3/min）；

ω_{max}——稳定回风流中实测最大瓦斯浓度（%）。

附录H　瓦斯自动监控报警与断电系统

H.0.1　自动监控报警与断电系统应包括主控计算机、洞内分站、高浓度瓦斯传感器、低浓度瓦斯传感器、风速传感器、远程断电仪、报警器、设备电源和备用电源、电缆、防雷设施等。

H.0.2　传感器的布置应符合下列规定：

1　瓦斯传感器：在开挖工作面迎头及距出风口20m回风流处、模板台车前后、横通道、巷道式通风的回风巷、局部通风机附近、错车带、洞内变压器集中安设处或机电设备洞室的进风侧，应设置瓦斯传感器。

2　风速传感器：安装在距出风口20m回风流处、防水板台车处、已衬砌地段回风流处、巷道式通风回风巷等主要测风站。

3　一氧化碳传感器、温度传感器：在煤层易自燃或有煤尘爆炸危险的瓦斯工区地段，应设置一氧化碳传感器和温度传感器。模板台车前应布置温度传感器。

4　设备开停传感器、馈电状态传感器：瓦斯工区使用的主通风机、局部通风机应设置设备开停传感器。主要风门应设置风门传感器。被控设备开关的负荷侧应设置馈电状态传感器。

5　应根据传感器的数量及种类，按控制要求配置远程断电仪。

6　在满足上述要求的情况下，结合工程实际情况，可调整增加各种传感器的种类和数量。

H.0.3　自动监控报警与断电系统的安装应符合下列规定：

1　洞口主控计算机监控中心：

1）洞口主控计算机监控中心机房应设置在隧道进口、出口安全位置。机房基本环境应符合现行《计算机场地通用规范》（GB/T 2887）的要求。动力、温度、防尘、防静电、防雷击等应采取措施满足相应的指标要求。

2）机房设专用配电箱，使用前对电源进行检测，满足供电电压和频率偏移要求。采用双路两级稳压电压供电，第一级为交流稳压器，供一台UPS及其他计算机外设；第二级为UPS，其输出主要供主控计算机，UPS供电时间应不少于10min。

2　洞内分站：分站应安装在系统维护人员易于观察、调试、检修、维护的位置，同时应远离可燃物、杂物等，无滴水积水，方便安装。洞内分站安装时应垫支架，支架距离地面应不小于300mm并可靠接地，接地电阻应小于2Ω。应设专用配电箱，使用前对电源进行检测，分站电源箱所接入的动力电缆及控制电缆，应与所配密封圈相匹配。接线端子与外接电压等级应相符。

3　瓦斯断电仪和瓦斯风电闭锁装置：应装设瓦斯断电仪和瓦斯风电闭锁装置的监控系统，远程断电使用1.5mm^2电缆，分站到被控开关距离应小于30m。严禁使用DW系列开关作为被控开关，被控开关应使用磁力防爆开关。在断电安装完成后，应在隧道内用1%的标准气样检测是否正常断电。独立的声光报警箱悬挂位置应满足报警声能让附近的人听到的要求。

4　阻燃专用传输电缆：

1）监控中心机房到工区内的通信电缆应选用铠装电缆、不延燃橡套电缆或矿用塑料电缆。

2）各设备之间的连接电缆需加长或分支连接时，被连接电缆的芯线盒应用螺钉压接，不得采用电缆芯线导体直接搭接或绕接。接线盒应使用防爆型。

3）电缆线多路同向延伸布设时，可将其绑扎成束，固定在隧道洞壁上，支撑点间距不得大于3m，与电力电缆的间距不得小于0.5m，以防电磁干扰。

5　传感器安装：所有传感器的安装应充分考虑吊点、支撑及卡固强度、传感器接线走向及固定等。安设点应保证传感器位于系统维护人员易于观察、调试、检修、维护的位置，传感器前后无障碍物，并确保安装点无滴水、积水。

1）甲烷传感器宜自由悬挂在拱顶以下25cm处，其迎风流和背风流0.5m内不得有阻挡物。悬挂处应支护良好，无滴水，走台架过程等不会损坏传感器。工作面迎头安装的瓦斯传感器距离工作面应不大于5m。洞口瓦斯传感器宜距离洞口10～15m。用于监测局部通风机进风流的瓦斯传感器除应满足上述要求外，尚应考虑安装在典型的进风流中。

2）风速传感器安装在主要测风站处，安装点前后10m内无分支风流、无拐弯、无障碍、断面无变化，能准确检测和计算测风断面平均风速、风量的位置。隧道拱顶应干燥、无明显淋水，不影响行人和行车。传感器探头风流指向与风流方向应一致，偏角不得大于5°。吊挂时必须固定，传感器不得左右摇摆。

3）一氧化碳传感器、温度传感器及压力传感器应垂直悬挂在隧道拱顶上部，并不影响行人和行车，方便安装、维护工作。

4）对设风门的瓦斯工区，应安装风门传感器，在满足上述通用要求的基础上，根据风门的结构现场固定。

5）设备开、停传感器主要用于监测瓦斯工区内机电设备（如主风机、局部通风机、水泵等）的开、停状态。安装时应将本安电源及输出信号与系统电源及信号输入口对应接线正确，在负荷电缆上按传感器调整要求寻找合适的位置卡固好传感器，即可正常工作。

H.0.4　瓦斯传感器和自动断电仪的报警设置应符合下列要求：

1　巷道式通风时，瓦斯自动监控报警与断电系统中的传感器布置可按图H.0.4-1进行。

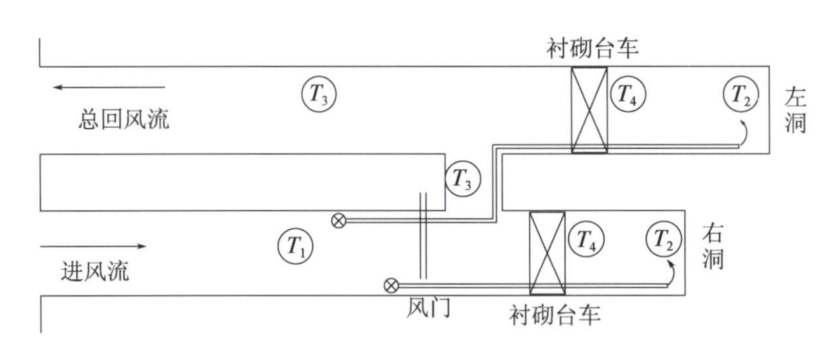

图 H.0.4-1 巷道式通风瓦斯自动监测传感器布置

断电浓度：T_1≥0.5%；

T_2≥1.0%；

T_3≥1.0%；

T_4≥1.0%。

断电范围：T_1：局部通风机及其供风立通道中的全部电气设备；

T_2：开挖工作面及其附近20m内全部电气设备；

T_3：总回风道中及开挖工作面和进风道中全部电气设备；

T_4：二次衬砌台车至开挖工作面之间的全部电气设备。

2 压入式通风时，瓦斯自动监控报警与断电系统中的传感器布置可按图 H.0.4-2 进行。

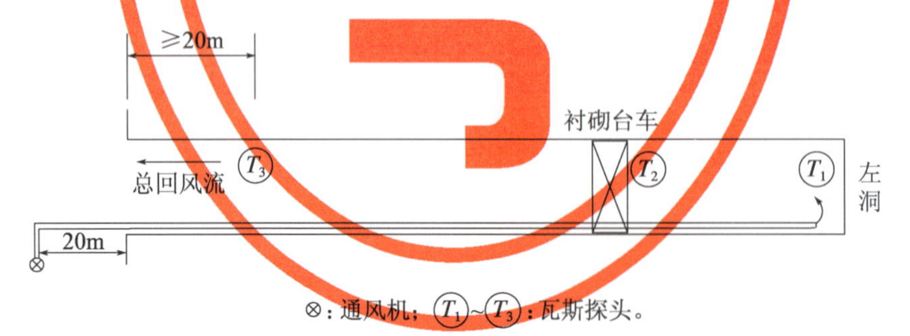

图 H.0.4-2 压入式通风瓦斯自动监测传感器布置

断电浓度：T_1≥1.0%；

T_2≥1.0%；

T_3≥1.0%。

断电范围：T_1：开挖工作面及其附近20m内全部电气设备；

T_2：二次衬砌台车至开挖工作面之间的全部电气设备；

T_3：已衬砌地段的全部电气设备。

H.0.5 瓦斯自动监控报警与断电系统的维护和管理应符合下列规定：

1 瓦斯工区施工期间，应成立专门的瓦斯自动监控报警与断电系统使用、维护及维修中心。

2 瓦斯自动监控报警与断电系统安装后应每月对监控系统进行定期检查、校正。甲烷传感器等采用载体催化元件的检测元件，应每7d使用校准气样和空气样调校1次。应每7d对甲烷超限断电功能进行测试。

附录J 煤层瓦斯含量直接测定方法

J.0.1 煤层瓦斯含量直接测定方法适用于在现场利用解吸法直接测定煤层瓦斯含量。

J.0.2 取样位置距煤层垂直距离不应小于5m。煤样从暴露到被装入煤样罐密封所用的实际时间不应超过5min，同时做好采样记录工作。

J.0.3 井下自然解吸瓦斯量的测定可按下列步骤进行：

1 井下自然解吸瓦斯量测定采用排水集气法（图J.0.3）。

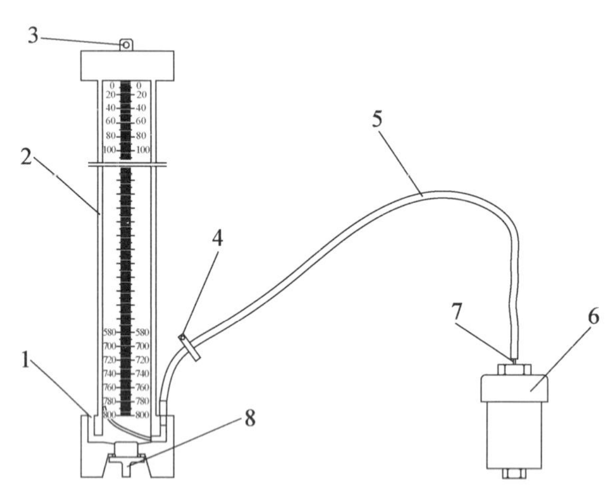

图J.0.3 瓦斯解吸速度测定仪与煤样罐连接示意图

1-排水口；2-量管；3-吊环；4-弹簧夹；5-排气管；6-煤样罐；7-穿刺针头或阀门；8-底塞

2 每间隔一定时间记录量管读数及测定时间，连续观测60～120min或解吸量小于$2cm^3/min$为止。开始观测前30min内，每隔1min读一次数，以后每隔2～5min读一次数，记录观测结果和气温、水温及大气压力。

3 测定结束后，密封煤样罐，并将煤样罐沉入清水中，仔细观察10min，如果发现气泡冒出，则该试样作废重新取样；如不漏气，送试验室继续测定。

J.0.4 采用真空法测定残存瓦斯含量可按下列步骤进行：

1 首先进行气密性检查，然后对仪器左侧真空系统进行抽气，达到最大真空度时停泵，真空计水银液面10min保持不下降为合格，然后关闭真空计，通过穿刺针头及真空胶管将煤样罐与脱气仪连接。

2 煤样首先在常温下脱气（图J.0.4），直至真空计水银液面不动为止，每隔

30min 重新抽气，一直进行到 30min 内泄出瓦斯量小于 $10cm^3$。

3 常温脱气后，再将煤样加热至 95～100℃恒温，脱气后关闭真空计，取下煤样罐，迅速取出煤样并立即装入球磨罐中密封。

4 在球磨罐中将煤样粉碎到粒度小于 0.25mm 的质量超过 80%，脱气后测量瓦斯解吸量，记录量管度数、大气压力、气压表温度及室温，称量煤样质量。

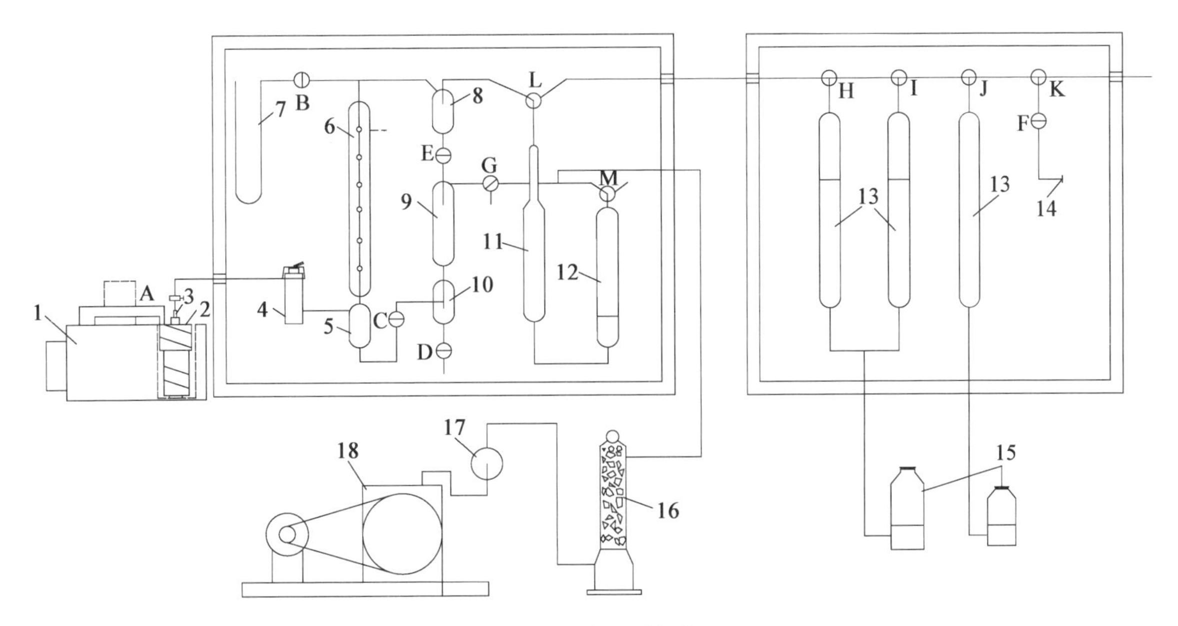

图 J.0.4 真空脱气装置

1-超级恒温器；2-煤样罐；3-穿刺针头；4-滤尘管；5-集水瓶；6-冷却管；7-水银真空计；8-隔水瓶；9-吸水管；10-排水瓶；11-吸水瓶；12-真空瓶；13-量管；14-取气支管；15-水准瓶；16-干燥管；17-分隔球；18-真空泵；A-螺旋夹；B～F-单向活塞；G～K-三通活塞；L、M-120°三通活塞

J.0.5 采用常压自然解吸法测定残存瓦斯含量可按下列步骤进行：

1 检查装置气密性后通过胶管将煤样罐与常压自然解吸装置连接（图 J.0.5）。

2 在解吸管中充水至一定刻度，读取并记录量管液面初始读数，缓慢打开煤样罐阀门，隔一定时间间隔读取一次瓦斯解吸量，时间长短取决于解吸速度。

3 当解吸一段时间后，在 5min 内玻璃管内不再有气泡冒出时解吸完毕，读取并记录解吸量管液面终止读数、环境温度、大气压力、煤样送达试验室和开始地面解吸的时间以及煤样质量。

4 取两份等量的二次煤样，质量为 100～300g，煤样称量质量后逐次放入粉碎机料钵内，用有密封圈的盖子密封严实，解吸管充水至一定刻度并记录初始读数，用胶管连接解吸量管与粉碎机气嘴，然后进行煤样粉碎。

5 运行时观测解吸瓦斯量体积，粉碎结束时记录量管终止读数，与初始读数之差即为解吸瓦斯体积，同时记录大气压力、室温。粉碎到 95% 煤样通过 60 目（0.25mm）的分样筛时为合格。

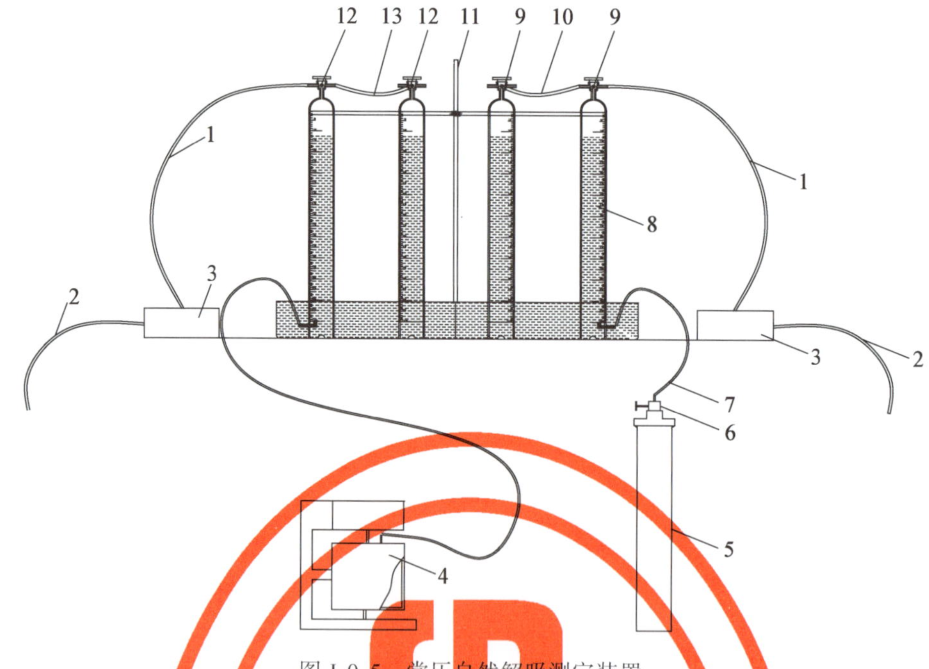

图 J.0.5 常压自然解吸测定装置

1-抽气管；2-排气管；3-微型真空泵；4-粉碎机料钵；5-煤样罐；6-阀门；7-进气管；8-量管；9-大量管阀门；10、13-连接胶管；11-试验架；12-小量管阀门

J.0.6 可按式（J.0.6）将瓦斯解吸过程中得到的煤样量管度数换算为标准状态下体积。

$$V_t' = \frac{273.2}{101.3 \times (273.2 + T_w)} (p_1 - 0.00981 h_w - p_2) V_t \qquad (J.0.6)$$

式中：V_t'——换算为标准状态下的气体体积（cm^3）；

V_t——t 时刻量管内气体体积（cm^3）；

p_1——大气压力（kPa）；

T_w——量管内水温（℃）；

h_w——量管内水柱高度（mm）；

p_2——T_w 时水的饱和蒸气压（kPa）。

J.0.7 可按式（J.0.7）将采用脱气法测量的脱气气体体积换算到标准状态下的体积。

$$V_{T_n}' = \frac{273.2}{101.3 \times (273.2 + T_n)} (p_1 - 0.0167 C_0 - p_2) V_{T_n} \qquad (J.0.7)$$

式中：V_{T_n}'——换算为标准状态下的气体体积（cm^3）；

V_{T_n}——在试验室温度 T_n、大气压力 P_1 条件下量管内的气体体积（cm^3）；

T_n——试验室温度（℃）；

C_0——气压计温度（℃）；

p_2——在室温 T_n 下饱和食盐水的饱和蒸气压（kPa）。

J.0.8 可根据煤样开始暴露一段时间内 V 与 $\sqrt{t_0+t}$ 的直线关系，按式（J.0.8-1）计算瓦斯损失量。

$$V = K \cdot \sqrt{t+t_0} + V'_{损} \tag{J.0.8-1}$$

式中：V——t 时间内的累计瓦斯解吸量（cm^3）；

K——待定常数；

$V'_{损}$——暴露时间 t_0 内的瓦斯损失量（cm^3），t_0 按式（J.0.8-2）计算：

$$t_0 = t_2 - t_1 \tag{J.0.8-2}$$

t_2——取煤芯开始时刻（时：分：秒）；

t_1——装罐结束时刻（时：分：秒）。

注：计算 $V'_{损}$ 值前首先以 $\sqrt{t_0+t}$ 为横坐标、V 为纵坐标作图，由图大致判定呈线性关系的测点，然后根据这些点的坐标值，按最小二乘法或作图法求出 $V'_{损}$ 值。

J.0.9 采用常压自然解吸法测定时，常压不可解吸瓦斯量可按式（J.0.9）计算，或采用现行《煤的甲烷吸附量测定方法（高压容量法）》（MT/T 752）中的方法测定的常压吸附量。常压吸附瓦斯量与标准大气压状态下游离瓦斯含量之和即为常压不可解吸瓦斯量。

$$X_b = \frac{0.1ab}{1+0.1b} \times \frac{100 - A_{ad} - M_{ad}}{100} \times \frac{1}{1+0.31M_{ad}} + \frac{\pi}{\gamma} \tag{J.0.9}$$

式中：X_b——煤在标准大气压下的不可解吸瓦斯量（cm^3/g）；

a——煤的瓦斯吸附常数，试验温度下煤的极限吸附量（cm^3/g）；

b——煤的瓦斯吸附常数（MPa^{-1}）；

A_{ad}——煤的灰分（%）；

M_{ad}——煤的水分（%）；

π——煤的孔隙率；

γ——煤的视密度（g/cm^3）。

J.0.10 采用脱气法测定时，煤层瓦斯含量包括井下解吸瓦斯量、损失瓦斯量、粉碎前脱气瓦斯量和粉碎后脱气瓦斯量。

J.0.11 采用常压自然解吸法测定时，煤层瓦斯含量包括井下解吸瓦斯量、损失瓦斯量、粉碎前解吸瓦斯量、粉碎后解吸瓦斯量和不可解吸瓦斯量。

附录K 钻孔瓦斯涌出初速度测定方法

K.0.1 钻孔瓦斯涌出初速度的测定，可采用1.2kW电煤钻、42mm直径麻花钻杆(10m)，镀锌白铁皮水桶、弹簧秤（量程25kg）、初速度测定装置一套、水银温度计(0~50℃)、管钳、秒表、高压气枪、煤气表等仪器设备。

K.0.2 测试过程中，当钻孔进入煤层后，应换电煤钻钻孔，并启动秒表。钻进速度宜控制在1m/min左右。每钻完1m煤孔后，应立即撤出钻杆，插入钻孔瓦斯涌出初速度测定装置。应在2min后开始读取瓦斯涌出量值，然后关闭通向煤气表的阀门，读出压力表上显示的瞬间解吸压力值。在测定瓦斯涌出量前，测定K_1值的煤样采集与钻粉量的收集应一并完成。当钻孔瓦斯涌出量大于6 L/min时，应在第5min后继续读取1min瓦斯涌出量并计算衰减系数，当衰减系数α小于或等于0.65时，煤层有突出危险。

K.0.3 钻孔速度应严格控制，钻杆拖动煤粉时，必须控制孔径扩大。

K.0.4 孔位应选在排放孔之间或瓦斯排放空白区煤层的软分层中。

K.0.5 钻杆进尺应有明确的标记，接煤粉的容器应保证煤粉能全部进入容器内。

K.0.6 初速度测定装置的封孔压力必须保持在0.25MPa，保证封孔严密，初速度测试结果准确。

K.0.7 初速度测定装置各段连接处，应配有胶垫，保证气密性。测试管胶端的小孔应通畅无阻，避免煤粉堵塞小孔造成涌出量降低。

K.0.8 钻孔瓦斯涌出初速度测定方法的具体操作步骤和要求可参考现行《钻孔瓦斯涌出初速度的测定方法》(MT/T 639)和《防治煤与瓦斯突出细则》(2019年)中第九十一条相关规定。

本规范用词用语说明

1　本规范执行严格程度的用词，采用下列写法：

1）表示很严格，非这样做不可的用词，正面词采用“必须”，反面词采用“严禁”；

2）表示严格，在正常情况下均应这样做的用词，正面词采用“应”，反面词采用“不应”或“不得”；

3）表示允许稍有选择，在条件许可时首先应这样做的用词，正面词采用“宜”，反面词采用“不宜”；

4）表示有选择，在一定条件下可这样做的，采用“可”。

2　引用标准的用语采用下列写法：

1）在标准总则中表述与相关标准的关系时，采用“除应符合本规范的规定外，尚应符合国家和行业现行有关标准的规定”。

2）在标准条文及其他规定中，当引用的标准为国家标准和行业标准时，表述为“应符合《××××××》（×××）的有关规定”。

3）当引用本标准中的其他规定时，表述为“应符合本规范第×章的有关规定”、“应符合本规范第×.×节的有关规定”、“应符合本规范第×.×.×条的有关规定”或“应按本规范第×.×.×条的有关规定执行”。

公路工程现行标准规范一览表

（2020 年 1 月）

序号	类别		编　　号	书名（书号）	定价（元）
1	基础		JTG 1001—2017	公路工程标准体系（14300）	20.00
2			JTG A02—2013	公路工程行业标准制修订管理导则（10544）	15.00
3			JTG A04—2013	公路工程标准编写导则（10538）	20.00
4			JTG B01—2014	公路工程技术标准（活页夹版，11814）	98.00
5			JTG B01—2014	公路工程技术标准（平装版，11829）	68.00
6			JTG 2111—2019	小交通量农村公路工程技术标准（15372）	50.00
7			JTG B02—2013	公路工程抗震规范（11120）	45.00
8			JTG/T B02-01—2008	公路桥梁抗震设计细则（13318）	45.00
9			JTG 2232—2019	公路隧道抗震设计规范（16131）	60.00
10			JTG B03—2006	公路建设项目环境影响评价规范（13373）	40.00
11			JTG B04—2010	公路环境保护设计规范（08473）	28.00
12			JTG B05—2015	公路项目安全性评价规范（12806）	45.00
13			JTG B05-01—2013	公路护栏安全性能评价标准（10992）	30.00
14			JTG/T 3310—2019	公路工程混凝土结构耐久性设计规范（15635）	50.00
15			JTG/T 6303.1—2017	收费公路移动支付技术规范　第一册　停车移动支付(14380)	20.00
16			JTG B10-01—2014	公路电子不停车收费联网运营和服务规范（11566）	30.00
17	勘测		JTG C10—2007	公路勘测规范（06570）	40.00
18			JTG/T C10—2007	公路勘测细则（06572）	42.00
19			JTG C20—2011	公路工程地质勘察规范（09507）	65.00
20			JTG/T C21-01—2005	公路工程地质遥感勘察规范（0839）	17.00
21			JTG/T C21-02—2014	公路工程卫星图像测绘技术规程（11540）	25.00
22			JTG/T C22—2009	公路工程物探规程（1311）	28.00
23			JTG C30—2015	公路工程水文勘测设计规范（12063）	70.00
24	设计	公路	JTG D20—2017	公路路线设计规范（14301）	80.00
25			JTG/T D21—2014	公路立体交叉设计细则（11761）	60.00
26			JTG D30—2015	公路路基设计规范（12147）	98.00
27			JTG/T D31—2008	沙漠地区公路设计与施工指南（1206）	32.00
28			JTG/T D31-02—2013	公路软土地基路堤设计与施工技术细则（10449）	40.00
29			JTG/T D31-03—2011	采空区公路设计与施工技术细则（09181）	40.00
30			JTG/T D31-04—2012	多年冻土地区公路设计与施工技术细则（10260）	40.00
31			JTG/T D31-05—2017	黄土地区公路路基设计与施工技术规范（13994）	50.00
32			JTG/T D31-06—2017	季节性冻土地区公路设计与施工技术规范（13981）	45.00
33			JTG/T D32—2012	公路土工合成材料应用技术规范（09908）	50.00
34			JTG/T 3334—2018	公路滑坡防治设计规范（15178）	55.00
35			JTG D40—2011	公路水泥混凝土路面设计规范（09463）	40.00
36			JTG D50—2017	公路沥青路面设计规范（13760）	50.00
37			JTG/T D33—2012	公路排水设计规范（10337）	40.00
38		桥隧	JTG D60—2015	公路桥涵设计通用规范（12506）	40.00
39			JTG/T 3360-01—2018	公路桥梁抗风设计规范（15231）	75.00
40			JTG/T 3360-03—2018	公路桥梁景观设计规范（14540）	40.00
41			JTG D61—2005	公路圬工桥涵设计规范（13355）	30.00
42			JTG 3362—2018	公路钢筋混凝土及预应力混凝土桥涵设计规范（14951）	90.00
43			JTG 3363—2019	公路桥涵地基与基础设计规范（16223）	90.00
44			JTG D64—2015	公路钢结构桥梁设计规范（12507）	80.00
45			JTG D64-01—2015	公路钢混组合桥梁设计与施工规范（12682）	45.00
46			JTG/T 3364-02—2019	公路钢桥面铺装设计与施工技术规范（15637）	50.00
47			JTG/T D65-01—2007	公路斜拉桥设计细则（1125）	28.00
48			JTG/T D65-04—2007	公路涵洞设计细则（06628）	26.00
49			JTG/T D65-05—2015	公路悬索桥设计规范（12674）	55.00
50			JTG/T D65-06—2015	公路钢管混凝土拱桥设计规范（12514）	40.00
51			JTG 3370.1—2018	公路隧道设计规范　第一册　土建工程（14639）	110.00
52			JTG/T D70—2010	公路隧道设计细则（08478）	66.00
53			JTG D70/2—2014	公路隧道设计规范　第二册　交通工程与附属设施(11543)	50.00
54			JTG/T D70/2-01—2014	公路隧道照明设计细则（11541）	35.00
55			JTG/T D70/2-02—2014	公路隧道通风设计细则（11546）	70.00
56			JTG/T 3374—2020	公路瓦斯隧道设计与施工技术规范（16141）	60.00
57		交通工程	JTG D80—2006	高速公路交通工程及沿线设施设计通用规范（0998）	25.00

续上表

序号	类别		编　　号	书名(书号)	定价(元)
58	设计	交通工程	JTG D81—2017	公路交通安全设施设计规范(14395)	60.00
59			JTG/T D81—2017	公路交通安全设施设计细则(14396)	90.00
60			JTG D82—2009	公路交通标志和标线设置规范(07947)	116.00
61		综合	交办公路〔2017〕167 号	国家公路网交通标志调整工作技术指南(14379)	80.00
62			交公路发〔2007〕358 号	公路工程基本建设项目设计文件编制办法(06746)	26.00
63			交公路发〔2015〕69 号	公路工程特殊结构桥梁项目设计文件编制办法(12455)	30.00
64	检测		JTG E20—2011	公路工程沥青及沥青混合料试验规程(09468)	106.00
65			JTG E30—2005	公路工程水泥及水泥混凝土试验规程(13319)	55.00
66			JTG E40—2007	公路土工试验规程(06794)	90.00
67			JTG E41—2005	公路工程岩石试验规程(13351)	30.00
68			JTG E42—2005	公路工程集料试验规程(13353)	50.00
69			JTG E50—2006	公路工程土工合成材料试验规程(13398)	40.00
70			JTG E51—2009	公路工程无机结合料稳定材料试验规程(08046)	60.00
71			JTG 3450—2019	公路路基路面现场测试规程(15830)	90.00
72			JTG/T E61—2014	公路路面技术状况自动化检测规程(11830)	25.00
73	施工	公路	JTG/T 3610—2019	公路路基施工技术规范(15769)	80.00
74			JTG/T F20—2015	公路路面基层施工技术细则(12367)	45.00
75			JTG/T F30—2014	公路水泥混凝土路面施工技术细则(11244)	60.00
76			JTG/T F31—2014	公路水泥混凝土路面再生利用技术细则(11360)	30.00
77			JTG F40—2004	公路沥青路面施工技术规范(05328)	50.00
78			JTG/T 5521—2019	公路沥青路面再生技术规范(15839)	60.00
79		桥隧	JTG/T F50—2011	公路桥涵施工技术规范(09224)	110.00
80			JTG/T 3650-02—2019	特大跨径公路桥梁施工测量规范(15634)	80.00
81			JTG/T F81-01—2004	公路工程基桩动测技术规程(14068)	30.00
82			JTG F60—2009	公路隧道施工技术规范(07992)	55.00
83			JTG/T F60—2009	公路隧道施工技术细则(07991)	70.00
84		交通	JTG F71—2006	公路交通安全设施施工技术规范(13397)	30.00
85			JTG/T F72—2011	公路隧道交通工程与附属设施施工技术规范(09509)	35.00
86	质检安全		JTG F80/1—2017	公路工程质量检验评定标准　第一册　土建工程(14472)	90.00
87			JTG F80/2—2004	公路工程质量检验评定标准　第二册　机电工程(05325)	40.00
88			JTG G10—2016	公路工程施工监理规范(13275)	40.00
89			JTG F90—2015	公路工程施工安全技术规范(12138)	68.00
90	养护管理		JTG H10—2009	公路养护技术规范(08071)	60.00
91			JTJ 073.1—2001	公路水泥混凝土路面养护技术规范(13658)	20.00
92			JTG H11—2004	公路桥涵养护规范(05025)	40.00
93			JTG H12—2015	公路隧道养护技术规范(12062)	60.00
94			JTG 5142—2019	公路沥青路面养护技术规范(15612)	60.00
95			JTG/T 5190—2019	农村公路养护技术规范(15430)	30.00
96			JTG 5210—2018	公路技术状况评定标准(15202)	40.00
97			JTG 5421—2018	公路沥青路面养护设计规范(15201)	40.00
98			JTG/T H21—2011	公路桥梁技术状况评定标准(09324)	46.00
99			JTG H30—2015	公路养护安全作业规程(12234)	90.00
100	加固设计与施工		JTG/T J21—2011	公路桥梁承载能力检测评定规程(09480)	20.00
101			JTG/T J21-01—2015	公路桥梁荷载试验规程(12751)	40.00
102			JTG/T J22—2008	公路桥梁加固设计规范(07380)	52.00
103			JTG/T J23—2008	公路桥梁加固施工技术规范(07378)	40.00
104			JTG/T 5440—2018	公路隧道加固技术规范	70.00
105	改扩建		JTG/T L11—2014	高速公路改扩建设计细则(11998)	45.00
106			JTG/T L80—2014	高速公路改扩建交通工程及沿线设施设计细则(11999)	30.00
107	造价		JTG 3810—2017	公路工程建设项目造价文件管理导则(14473)	50.00
108			JTG 3820—2018	公路工程建设项目投资估算编制办法(14362)	60.00
109			JTG/T 3821—2018	公路工程估算指标(14363)	120.00
110			JTG 3830—2018	公路工程建设项目概算预算编制办法(14364)	60.00
111			JTG/T 3831—2018	公路工程概算定额(14365)	270.00
112			JTG/T 3832—2018	公路工程预算定额(14366)	300.00
113			JTG/T 3833—2018	公路工程机械台班费用定额(14367)	50.00
114			JTG/T M72-01—2017	公路隧道养护工程预算定额(14189)	60.00

注:批发业务电话:010-59757973;零售业务电话:010-85285659(北京);网上书店电话:010-59757908;业务咨询电话:010-85285922,85285930。